RECETTES ET TECHNIQUES
À L'AUTOCUISEUR

Publié précédemment au Royaume-Uni sous le titre *The Pressure Cooker Cookbook* par Grub Street.
© Grub Street et Marguerite Patten 1997, 2010

Traduction : Raymond Roy
Révision : Anik Tia Tiong Fat
Conception graphique et mise en pages : Marie Blanchard
Photos de la couverture : Istockphoto

Imprimé au Canada
ISBN 978-2-89642-355-2
Dépôt légal – Bibliothèque et Archives nationales du Québec, 2011
© Éditions Caractère inc. 2011

Nous reconnaissons l'aide financière du gouvernement du Canada par l'entremise du Fonds du livre du Canada pour nos activités d'édition.

Visitez le site des Éditions Caractère
editionscaractere.com

RECETTES ET TECHNIQUES À L'AUTOCUISEUR

Marguerite Patten

TABLE DES MATIÈRES

INTRODUCTION

C'est en 1949, à l'occasion d'une conférence de presse, que j'ai découvert l'autocuiseur. Je profite de ses avantages, à la maison, depuis plus de soixante ans et j'apprécie les économies de temps et d'énergie qu'il permet de réaliser.

On me demande souvent comment j'utilise cet appareil. C'est au moment de répondre à la question que je me rends compte à quel point cet ustensile m'est indispensable en cuisine. Dans ce livre, j'expose l'utilisation de l'autocuiseur et je vous fais découvrir mes recettes préférées. Et pour que vous puissiez voir la polyvalence de cet ustensile, je vous indique ses principales fonctions.

Comme je déteste gaspiller de la nourriture, je récupère les os et carcasses de volaille et de gibier pour en fabriquer de riches bouillons qui serviront ensuite de base aux soupes, aux ragoûts et autres mets délicieux.

Comme bien des femmes aujourd'hui, je mène une carrière tout en tenant ma maison. Mon temps est précieux. Savoir que je peux préparer un plat principal savoureux à base de haricots, de viande ou de volaille en quelques minutes plutôt qu'en plusieurs heures me soulage énormément.

Les nombreux poudings vapeur de la cuisine anglaise sont à juste titre très renommés, car ils sont à la fois délicieux et nourrissants. Pourquoi alors n'en prépare-t-on pas plus souvent ? Le temps de cuisson prolongé, l'installation du bain-marie et le désagrément de voir la cuisine se remplir de vapeur durant la cuisson, font que tous ces facteurs constituent des obstacles. Or, vous constaterez qu'en utilisant l'autocuiseur dans la préparation des poudings, vous gagnerez non seulement du temps, mais vous n'aurez plus à vous soucier du niveau de l'eau bouillante dans la casserole pendant la cuisson.

D'autres avantages sont aussi importants à considérer. Les légumes défraîchis et fatigués, les coupes de viande bon marché qui risquent de manquer de tendreté apprêtés de façon traditionnelle, s'attendrissent et acquièrent de la saveur grâce à cette méthode de cuisson rapide. Vous noterez que j'utilise volontiers l'adjectif « savoureux ». En effet, un des plaisirs associés à l'utilisation de l'autocuiseur est de constater à quel point les légumes, fruits et viandes conservent leur saveur après la cuisson sous pression.

Certaines recettes à base d'œufs sont difficiles à exécuter. Je pense entre autres aux crèmes anglaises et aux quiches (sucrées ou salées). Pour les réussir, il faut porter une attention toute particulière à la température et au temps de cuisson. Vous constaterez qu'avec l'autocuiseur, ces plats sont réussis à la perfection et se cuisent en quelques minutes seulement.

L'autocuiseur est un outil indispensable pour une famille nombreuse. Par ailleurs, il permet aussi à un célibataire de préparer un repas complet dans un seul et même récipient, ce qui lui épargne de l'énergie et le désagrément de se retrouver devant une montagne de vaisselle.

Nous nous réjouissons tous de posséder un garde-manger débordant de confitures de toutes sortes, et nous possédons presque tous un congélateur. Si vous êtes de ceux qui aiment confectionner des marmelades et des confitures, ou préparer des produits destinés à la congélation ou à la conservation en bocaux, vous constaterez que l'autocuiseur se révèle un allié fidèle.

J'ai déjà dit, comme la plupart des gens, je déteste gaspiller la nourriture. Mais je suis certaine que vous serez d'accord avec moi si je dis qu'il importe aussi de gagner du temps et d'économiser de l'argent. Eh bien, grâce à l'autocuiseur, vous serez à même de réaliser tout cela. Cuire un ragoût ou une soupe en quelques minutes, le temps de faire monter la pression dans l'autocuiseur chauffé à feu doux, revient assurément meilleur marché que de laisser mijoter sur le feu ou chauffer le four pendant des heures.

Je crois que la plupart des ménages sont d'accord pour affirmer que tout ce qu'ils souhaitent, c'est de s'octroyer une alimentation abordable, facile à préparer et bonne pour la santé.

C'est pourquoi la cuisine maison, faite à partir d'ingrédients de base frais, constitue la base d'une saine alimentation. Au fil des ans, de nombreuses expériences scientifiques ont été réalisées sur les vertus de la cuisson sous pression. Il a été établi que les aliments ainsi traités sont non seulement savoureux, mais qu'ils conservent aussi un maximum de minéraux et de vitamines. Ce mode de cuisson peut-être qualifié de sain, rapide, et économique.

La plupart des gens travaillent à l'extérieur et apprécient le fait que bon nombre de recettes, jadis difficiles à réaliser après le travail à cause du long temps de cuisson, peuvent maintenant être exécutées en un temps bien plus court. Grâce à une planification minutieuse, on réussit à cuire des quantités de légumes, de fruits, etc. qui peuvent servir encore le lendemain est possible.

Les personnes vivant seules affirment généralement ne pas vouloir se donner la peine de cuisiner beaucoup. J'espère qu'elles jetteront un coup d'œil aux pages 85, 181 à 185 et 209, car elles y trouveront des suggestions de repas complets se préparant dans l'autocuiseur.

Préparer de la nourriture pour bébé peut sembler fastidieux, mais souvent, les aliments spéciaux requis pour le bébé ou le tout-petit peuvent être placés dans l'autocuiseur, en même temps que les mets destinés aux adultes de la famille. Nous revenons sur cet aspect plus loin dans le livre.

Il existe des cas où nous souhaitons manger des mets spéciaux, par exemple pour la célébrer un événement ou pour souligner une rencontre entre amis. Je suis persuadée que toute recette de base peut être perfectionnée, qu'elle peut être adaptée pour se prêter à toute occasion, et donner des résultats sortant de l'ordinaire. Plusieurs recettes du livre sont suivies d'une section intitulée « Pour les gourmets », qui donne des suggestions qui vous autoriseront à coiffer la toque d'un chef raffiné, sage et économe.

J'ai bon espoir que vous et les membres de votre famille prendrez autant de plaisir que moi à découvrir cette méthode de préparation des aliments. Je suis persuadée que les recettes et renseignements fournis ici sauront vous être utiles.

Marguerite Patten

MODE DE FONCTIONNEMENT DE L'AUTOCUISEUR

Même si les différents modèles d'autocuiseurs présentent des caractéristiques propres, tous fonctionnent selon les mêmes principes généraux.

Tant que l'autocuiseur n'est pas sous pression, il se compare à toute autre casserole. En réalité, vous utiliserez parfois l'autocuiseur comme simple marmite, par exemple pour, préparer des ragoûts, épaissir des soupes et des ragoûts en fin de cuisson, faire revenir de la viande ou des légumes, faire ramollir des écorces d'agrumes et des fruits dans la confection de marmelades, de confitures, etc.

Dans des circonstances normales, l'eau bout à une température de 100 °C (212 °F). La température d'ébullition de l'eau est fonction de la pression atmosphérique et celle-ci demeure constante et stable, peu importe la durée de l'ébullition. Si on parvient à hausser la pression atmosphérique, la température d'ébullition de l'eau s'en trouvera alors augmentée en conséquence. Ce phénomène est le principe fondamental sur lequel repose le fonctionnement de l'autocuiseur.

Les ingrédients et le liquide dans lequel ces derniers cuisent, sont confinés dans un contenant sécuritaire, résistant à la pression. La vapeur, qui, dans une marmite ordinaire, s'échapperait dans l'atmosphère, est retenue et ne s'échappe du contenant qu'une fois une certaine pression dépassée. En enfermant la vapeur, on élève la pression, laquelle augmente à son tour le point d'ébullition du liquide contenu dans l'autocuiseur. Ce qui explique pourquoi les aliments cuisent beaucoup plus rapidement et efficacement sous pression dans un autocuiseur que dans des conditions normales.

De nos jours, la plupart des autocuiseurs offrent le choix entre deux degrés de pression. On peut ainsi sélectionner la température qui convient aux différents modes de cuisson et obtenir les meilleurs résultats qui soient. Dans toutes les recettes du livre, on indique le niveau de pression recommandé.

Il est intéressant de connaître exactement la température à l'intérieur du contenant à différentes pressions.

Pression	Température
Atmosphérique	Point d'ébullition : 100 °C (212 °F)
Faible (2 kg, 5 lb)	Point d'ébullition : 108,5 °C (228 °F)
Moyenne (4 kg, 10 lb)	Point d'ébullition : 115,3 °C (239,8 °F)
Élevée (6 kg, 15 lb)	Point d'ébullition : 122 °C (252 °F)

LES EFFETS DE L'ALTITUDE

La pression atmosphérique décroît à mesure qu'on s'élève au-dessus du niveau de la mer, tout comme le fait le point d'ébullition des liquides. L'autocuiseur permet de compenser ce phénomène, mais il convient d'apporter certaines corrections :

a) soit aux temps de cuisson,

b) soit aux pressions indiquées dans les recettes du livre. Ainsi, au-dessus de 600 mètres (2 000 pieds), le temps de cuisson des recettes prévues pour une pression élevée (6 kg, soit 15 lb) doit être prolongé d'UNE MINUTE par tranche de 300 mètres (1 000 pieds).

Ainsi, les recettes calculées pour une pression moyenne (4 kg, soit 10 lb) doivent être exécutées à pression élevée (6 kg, soit 15 lb), et les recettes prévues pour une pression faible (2 kg, soit 5 lb), à pression moyenne (4 kg, soit 10 lb). Lorsqu'on ajuste en augmentant la pression, on ne prolonge pas le temps de cuisson.

ÉLÉMENTS DE L'AUTOCUISEUR

La marmite: Il faut la maintenir propre (voir page 19). Lorsqu'on utilise l'autocuiseur pour la confection de poudings cuits à la vapeur, il est conseillé d'ajouter du jus de citron ou du vinaigre à la préparation pour éviter de le tacher (voir page 217).

Le couvercle: Il ferme hermétiquement l'autocuiseur. Nettoyez-le soigneusement et assurez-vous qu'il est toujours verrouillé de la façon recommandée par le fabricant.

Le joint d'étanchéité: Il s'agit de l'anneau situé à l'intérieur du couvercle. Il scelle le joint entre le couvercle et la marmite et assure l'étanchéité de l'ensemble. Nettoyez-le toujours soigneusement (voir page 19).

La grille: Ce dispositif permet la cuisson des aliments dans un minimum de liquide, l'autocuiseur n'étant rempli par exemple que de 250 ml (1 tasse) d'eau. La grille se place dans la marmite, fond orienté vers le bas de la cuve. Les différentes recettes indiquent s'il faut utiliser ou non la grille.

Le séparateur ou la marguerite: L'autocuiseur peut disposer de plusieurs séparateurs ou d'un seul, comportant une division. Ces séparateurs sont des plus utiles pour cuire simultanément différents aliments sans qu'ils entrent en contact les uns avec les autres.

Le bouchon de sécurité et la soupape de sécurité: Si la soupape de sécurité venait à se bloquer, la pression de l'autocuiseur monterait jusqu'à ce que l'élément métallique central du bouchon de sécurité soit poussé vers le haut, libérant alors l'excès de vapeur.

Pour éviter une telle situation : Ne remplissez jamais l'autocuiseur plus des deux tiers d'aliments solides, ou le récipient plus de la moitié d'un mélange de liquides et de solides (par exemple soupe, lait, pouding au lait, etc.).

Pour remettre en place l'élément métallique central du bouchon de sécurité, laissez s'échapper toute la vapeur hors de l'autocuiseur, ôtez le couvercle et déposez ce dernier à l'envers sur une table. Ensuite, en exerçant une pression délicate, mais ferme, forcez l'élément métallique à réintégrer sa place. Avant de poursuivre la cuisson, assurez-vous que la soupape centrale est débloquée.

20 MESURES DE SÉCURITÉ IMPORTANTES

• Avant de commencer à vous en servir de votre autocuiseur, lisez le manuel d'instruction correspondant au modèle que vous vous êtes procuré.

• Ne laissez personne de votre entourage utiliser l'autocuiseur avant d'avoir lu le manuel d'instruction en entier.

• Veillez à éloigner les enfants de l'autocuiseur pendant son fonctionnement.

• Avant d'utiliser un autocuiseur pour la première fois, lavez la marmite et le couvercle à l'eau savonneuse très chaude.

• Avant de mettre l'autocuiseur sur le feu, assurez-vous que le couvercle est en place et bien verrouillé.

- N'ôtez jamais le couvercle en utilisant la force.

- N'ouvrez jamais l'autocuiseur avant que la pression ne soit complètement retombée.

- Ne mettez jamais l'autocuiseur sous pression sans y avoir d'abord versé un liquide quelconque.

- Versez au moins 250 ml (1 tasse) de liquide dans le récipient.

- N'utilisez jamais d'huile ou de gras comme liquide de cuisson.

- Ne remplissez jamais l'autocuiseur à plus des deux tiers de sa capacité. Cette quantité comprend le liquide de cuisson utilisé.

- Avec des aliments qui gonflent en cuisant ou produisent de l'écume, comme les céréales, les haricots, les légumineuses, le riz et les légumes secs, ne remplissez l'autocuiseur qu'à moitié, toujours en tenant compte du liquide de cuisson versé.

- N'utilisez jamais l'autocuiseur pour faire de la friture à l'huile sous pression.

- Ne faites pas cuire de dumplings sous pression.

- Si votre cuisinière fonctionne au gaz, ne laissez pas le feu lécher les parois verticales du récipient; la couleur de l'extérieur en serait altérée, et les poignées risqueraient de surchauffer.

- Ne mettez jamais l'autocuiseur au four.

- Manipulez toujours l'autocuiseur avec le plus grand soin, surtout quand il contient un liquide très chaud.

- Pour éviter d'endommager l'autocuiseur, ne laissez pas le liquide qu'il contient s'évaporer complètement.

- Prenez toujours soin de secouer l'autocuiseur avant de l'ouvrir afin de libérer les éventuelles poches de vapeur emprisonnées dans les aliments et susceptibles de vous brûler.

- Chaque fois que vous utilisez l'autocuiseur, assurez-vous que les dispositifs de sécurité, sceaux et valves fonctionnent correctement.

LE B.A.-BA DE LA CUISSON SOUS PRESSION

Conformez-vous toujours aux consignes données par le fabricant du modèle de l'autocuiseur que vous avez acquis. Un manuel d'instruction accompagne l'ustensile. Si vous l'avez égaré, communiquez avec le fabricant pour en obtenir un autre exemplaire.

1   Suivez les instructions de la recette.

2   Préparez l'autocuiseur. Vérifiez si vous devez utiliser la grille, le séparateur ou les deux.

3   Versez dans le récipient la quantité d'eau (ou autre liquide) désirée. Il faut en mettre au moins 250 ml (1 tasse). Certaines recettes exigent qu'on fasse d'abord revenir les aliments dans un corps gras dans l'autocuiseur à découvert avant d'ajouter le liquide. Prenez bien soin de détacher les morceaux d'aliments frits qui adhèrent éventuellement au fond du récipient pour les empêcher de brûler.

4   Mettez les ingrédients dans l'autocuiseur.

5   Placez le couvercle et assurez-vous qu'il est verrouillé correctement et de manière conforme aux consignes du fabricant.

6 Posez l'autocuiseur sur le feu. Si vous exécutez une recette exigeant une proportion élevée de liquide, par exemple une soupe ou un pouding au lait, chauffez l'appareil lentement et progressivement. Cette précaution a pour but d'éviter que le liquide, en se mettant à bouillir trop brusquement, en vienne à bloquer la soupape ou le dispositif de sécurité. Lorsque vous préparez d'autres types de mets, chauffez à feu vif.

7 Amenez la pression au niveau voulu. Poursuivez la cuisson à feu vif (ou à feu moyen, voir étape 6) jusqu'à ce que vous entendiez un léger sifflement suivi d'un autre plus fort, au moment où la vapeur s'échappe. Ce dernier annonce l'atteinte de la pression désirée. De nos jours, la plupart des autocuiseurs sont munis d'un manomètre (indicateur de pression) cylindrique faisant voir, en s'élevant, un cercle rouge ou orange. Le temps nécessaire pour atteindre la pression désirée dépend du type d'autocuiseur et de la quantité d'ingrédients déposée. Ainsi, une soupe, qui contient une forte proportion de liquide, peut mettre jusqu'à 15 minutes pour atteindre la pression désirée.

8 Réduisez le feu de manière à maintenir la pression voulue et commencez à chronométrer le temps de cuisson dans l'autocuiseur. Quand un temps de cuisson est indiqué dans une recette, on commence à calculer ce dernier à partir du moment où on réduit le feu. Vous prendrez rapidement l'habitude de chronométrer soigneusement les temps de cuisson, car il s'agit d'un facteur important. Cet exercice n'exige pas plus de discipline que le fait de vérifier la cuisson dans une casserole ordinaire.

9 À la fin de la période de cuisson, éteignez le feu, ou retirez l'autocuiseur du feu et déposez-le sur une surface froide. Avant d'ôter le couvercle de l'autocuiseur, il faudra d'abord laisser retomber la pression. La façon de faire dépend du modèle d'autocuiseur. Ici encore, vous devez consulter le manuel d'instruction. Cependant, en règle générale, il faut dans la plupart des cas :

a) faire retomber la pression rapidement à l'eau froide. Placez l'autocuiseur dans un évier métallique ou un bol rempli d'eau froide, ou laissez couler de l'eau froide sur les parois extérieures de l'ustensile. Évitez tout contact de l'eau avec le bouchon de sécurité ou la soupape centrale. Recourez à cette méthode avec les aliments dont vous voulez interrompre la cuisson rapidement et qui risquent de trop cuire, comme les légumes et le poisson.

b) faire retomber la pression lentement par la méthode de la détente naturelle. Laissez l'autocuiseur se refroidir naturellement loin du feu. Utilisez cette méthode pour les aliments et mets qui gagnent à voir leur cuisson prolongée et qui ne risquent pas de trop cuire, comme les soupes, les ragoûts, les légumes-racines, les légumineuses et les céréales.

c) faire retomber la pression normalement par la méthode de la détente automatique. Actionnez le bouton de détente en suivant les instructions du fabricant.

10 Retirez les aliments de l'autocuiseur et servez.

11 Dans certains cas, par exemple dans la préparation de ragoûts et de sauces, on épaissit le liquide avant de retirer les aliments de l'autocuiseur. Incorporez l'agent épaississant et remuez à feu doux ou moyen jusqu'à ce que le liquide soit onctueux et qu'il présente la texture souhaitée. Goûtez, rectifiez l'assaisonnement et servez.

ENTRETIEN DE L'AUTOCUISEUR

Lavage et nettoyage : Lavez le récipient après usage avec le même détergent à vaisselle que vous utilisez pour nettoyer les casseroles ordinaires et en prenant les mêmes précautions. Rincez bien l'autocuiseur à l'eau propre et séchez-le correctement avant de le ranger. *N'utilisez jamais de soude pour le nettoyage de l'autocuiseur, car cette substance risque d'endommager l'aluminium.* Nettoyez bien aussi l'intérieur du couvercle et débarrassez le joint d'étanchéité de toute trace d'aliment. Lavez bien au détergent, rincez et séchez. Rincez bien la couronne intérieure du couvercle et replacez le joint d'étanchéité soigneusement. Si la base en aluminium de l'autocuiseur présente des taches ou si elle noircit, ne vous en faites pas. Vous pouvez enlever ces taches à l'aide de tampons moussant, ou en faisant bouillir dans l'autocuiseur pendant 20 minutes une décoction de crème de tartre, de vinaigre ou d'écorce de citron. Après ce traitement, le métal devrait briller comme un sou neuf.

La soupape centrale : Inspectez toujours la soupape de l'autocuiseur après l'utilisation et le nettoyage ; si elle est bloquée, nettoyez-la à l'eau très chaude, à l'aide d'un cure-pipe ou d'une brochette.

L'autocuiseurs coloré : Nettoyez l'intérieur comme indiqué plus haut, mais essuyez les éventuelles taches apparaissant à l'extérieur du contenant dès leur apparition. Pour cela, utilisez un chiffon doux plutôt qu'un tampon abrasif ou de la poudre à récurer, qui risquerait d'endommager le fini coloré.

Les modèles antiadhésifs : Ces autocuiseurs sont enrobés de Teflon (marque de commerce déposée de Du Pont). Il faut prendre certaines précautions au moment de les utiliser et de les nettoyer. Avant d'utiliser un autocuiseur enrobé de Teflon pour la première fois, lavez la surface enrobée à l'aide d'un détergent et d'un chiffon doux. Préparez la surface intérieure à l'utilisation en passant un papier essuie-tout ou un linge imbibé d'huile. Répétez l'opération de temps à autre. Évitez d'utiliser des batteurs électriques ou métalliques ou des couteaux tranchants dans la casserole. Lorsque cela est possible, il est préférable d'utiliser des spatules ou des cuillères en bois.

Si vous faites de la friture dans l'autocuiseur, faites-le à température moyenne seulement, car la surchauffe des matières grasses est nuisible pour la surface. Après utilisation, nettoyez l'autocuiseur de la façon décrite précédemment. Pour chasser les taches, vous pouvez prendre des tampons de nylon, de plastique ou de caoutchouc, mais évitez les tampons à récurer abrasifs.

Rangement de l'autocuiseur : Assurez-vous que l'autocuiseur est bien sec avant de le ranger. On prévient ainsi la corrosion de l'aluminium par piqûre (formation de minuscules cavités). Entre deux utilisations, entreposez l'autocuiseur découvsert (rangez le couvercle à proximité), afin de permettre la circulation de l'air et de prévenir l'apparition d'odeurs de renfermé. Ne posez pas d'autres casseroles métalliques sur la base de l'autocuiseur ou sur son couvercle, car il faut éviter à tout prix d'endommager la couronne. Si l'autocuiseur est d'un modèle ancien, rangez soigneusement la soupape à côté de l'autocuiseur, afin qu'elle soit facile à repérer.

L'AUTOCUISEUR ET LA CONGÉLATION

Vous constaterez que l'autocuiseur est une aide précieuse dans la préparation de plats destinés à la congélation. Ainsi, vous pouvez :

a) préparer des soupes, ragoûts, sauces, fruits, etc. en grandes quantités, en déguster une partie le jour même et congeler le reste en vue d'une consommation ultérieure ;

b) utiliser l'autocuiseur pour blanchir les légumes destinés à la congélation (voir pages 262-264) ;

c) préparer des compotes de fruits, des zestes d'agrumes et de la pulpe en vue de la fabrication ultérieure de confitures ou de marmelades. À cet égard, consultez les pages 254-255.

Un des grands avantages du congélateur est qu'il permet de préparer des repas vite faits avec des ingrédients qu'on y conserve : légumes, ragoûts, poudings, etc. L'autocuiseur permet de cuire ou de réchauffer les aliments plus rapidement. Utilisé avec votre congélateur, il vous offre une commodité maximale.

Vous trouverez de plus amples détails dans les différents chapitres du livre.

DEVENEZ UN EXPERT

Les conseils prodigués aux pages précédentes et les instructions données par le fabricant vous permettront de découvrir les particularités de votre autocuiseur. D'ici peu – et je n'en doute pas – vous l'utiliserez pour toutes sortes de préparations et vous vous demanderez comment vous avez pu vous en passer avant. Les recettes que vous exécuterez ne seront pas très différentes de celles que vous réalisiez dans le passé, sauf que dorénavant, elles n'exigeront que quelques minutes de votre temps, et non plus des heures.

La planification des repas devra s'effectuer de façon quelque peu différente. Avec l'autocuiseur, les temps de cuisson sont tellement brefs que je réchauffe les assiettes de service avant de commencer à cuisiner et que je mets la table pendant que le ragoût ou quelque autre plat mijote. J'ai déjà mentionné plus tôt qu'il était essentiel de bien chronométrer les temps de cuisson. Il ne faut pas que cela devienne source de préoccupation. D'abord, réduisez le temps de cuisson indiqué dans la recette d'une minute environ, notamment avec les plats de viande. Les recettes ont toutes été testées et chronométrées avec soin. Toutefois, il se peut que vous ayez haché les ingrédients plus fin que moi ou que vous cuisiniez une viande plus tendre. Remettre le couvercle en place est chose facile. Si vous constatez que le plat n'est pas encore à point, remettez l'autocuiseur sous pression et prolongez la cuisson. Si vous avez l'intention de tester une nouvelle méthode, par exemple le braisage ou la préparation du pouding vapeur, je vous suggérais, avant de vous mettre à l'ouvrage, de lire l'introduction du chapitre correspondant ; vous y trouverez des indications générales des plus utiles.

ADAPTATION DE VOS RECETTES PRÉFÉRÉES À LA CUISSON SOUS PRESSION

1   Réduisez la quantité de liquide indiquée dans la recette afin de ne pas dépasser la capacité de l'autocuiseur.

2   Une quantité minimum de liquide, 250 ml (1 tasse), voilà tout ce qui est exigé par de nombreuses recettes, car avec l'autocuiseur, il n'y a presque pas d'évaporation pendant la cuisson. Cependant, vérifiez tout de même les quantités minimales et maximales de liquide que peut recevoir le modèle de l'autocuiseur que vous possédez.

3 Comptez 250 ml (1 tasse) de liquide pour les 15 premières minutes de cuisson. Pour toute autre tranche de 15 minutes ou partie de tranche, comptez encore 150 ml (2/3 tasse) de liquide. Ainsi, pour un temps de cuisson de 30 minutes, vous devrez verser 400 ml (1 2/3 tasse) de liquide dans l'appareil. Il s'agit là d'une règle générale. Il se peut que les plats à base de céréales ou de légumineuses, de même que les poudings cuits à la vapeur, exigent davantage d'eau.

4 Calculez les temps de cuisson en comparant votre recette à d'autres présentées plus loin dans ce livre. Prenez par exemple votre recette de soupe préférée et comparez-la à une soupe semblable du livre.

5 Pour éviter de trop cuire au moment d'essayer vos propres recettes, laissez retomber la pression de l'autocuiseur une fois écoulé le temps de cuisson minimum recommandé. Vous pourrez toujours parfaire la cuisson dans l'autocuiseur à découvert. Cependant, si les aliments sont encore loin d'être cuits et s'il y a encore du liquide dans l'autocuiseur, remettez le couvercle en place, verrouillez-le et rétablissez la pression.

6 Règle générale pour les viandes en ragoût et les viandes braisées : prévoyez 20 minutes de cuisson par quantité 450 g (1 lb) de viande et calculez 250 ml (1 tasse) de liquide plus 125 ml (1/2 tasse) pour chaque quantité supplémentaire de 450 g (1 lb).

7 Pour le rôtissage de la volaille à la vapeur, faites-la d'abord revenir dans l'huile, déposez-la sur la grille puis versez 250 ml (1 tasse) de liquide dans l'autocuiseur. Faites cuire pendant 5 minutes par quantité de 450 g (1 lb) de volaille non farcie, et 8 minutes par quantité 450 g (1 lb) de volaille farcie.

ALIMENTS POUR BÉBÉS ET ENFANTS EN BAS ÂGE

L'autocuiseur peut servir à stériliser les biberons de verre. Il est essentiel de stériliser les biberons et tétines utilisés pour l'alimentation du bébé avec le plus grand soin qui soit. Si vous le faites en utilisant la vapeur sous pression, vous avez la certitude que les bactéries nocives sont éliminées rapidement et efficacement. Lavez et rincez les tétines et biberons très soigneusement, en prenant soin de frotter l'intérieur de la tétine avec un peu de sel pour en retirer les éventuels restes de lait autour de l'orifice.

Mettez la grille dans l'autocuiseur et versez-y 250 ml (1 tasse) d'eau. Posez les biberons lavés sur la grille. Placez les tétines dans un bocal fermé et posez-le sur la grille. Mettez le couvercle en place et amenez progressivement l'autocuiseur à pression moyenne (10 lb). Réduisez le feu et poursuivez la stérilisation pendant 5 minutes. Faites retomber la pression en laissant l'autocuiseur refroidir à température ambiante.

Si vous n'utilisez pas l'autocuiseur pour d'autres préparations, les biberons peuvent être laissés dans le récipient, avec le couvercle et la soupape en place.

En grandissant, le bébé aura besoin d'aliments plus solides. Vous pourrez vous servir de l'autocuiseur pour préparer de petites portions de poisson, de foie, de poulet et de légumes. Versez ces aliments dans un petit contenant afin qu'ils cuisent séparément du repas de la famille, réduisez-les en purée ou passez-les au tamis. On trouvera les temps de cuisson de toutes les catégories d'aliments aux pages suivantes.

Lorsque vous servez des compotes de fruits (voir page 246) ou des crèmes anglaises (voir page 232), évitez de trop sucrer, car de nos jours, les diététistes déconseillent l'ajout de sucre dans les aliments pour bébés.

ALIMENTS POUR ANIMAUX DE COMPAGNIE

Vous pouvez nourrir vos chats et chiens de façon efficace et économique en leur servant des coupes de viande bon marché, par exemple du foie de bœuf, qui exigent normalement un temps de cuisson prolongé si on recourt aux méthodes classiques. Vous constaterez que l'autocuiseur se révèle très utile ici. Les temps de cuisson qui conviennent aux viandes et aux poissons sont indiqués dans les chapitres correspondants de ce livre.

REMARQUES SUR LES FINES HERBES

De nombreuses recettes exigent l'ajout d'un **bouquet garni**. Prenez du persil (ce sont les tiges qui apportent plus de saveur), de la ciboulette, du thym (thym citronnelle ou thym ordinaire), un peu de sauge, de romarin, d'estragon ou de basilic, selon le plat préparé. Composition du bouquet garni : attachez les herbes choisies avec du fil, ou placez-les dans un sachet de mousseline refermé à l'aide de fil. Retirez ces herbes avant de servir, à moins que la sauce ou la soupe ne soit d'abord tamisée ou passée au mélangeur.

SYSTÈME MÉTRIQUE

Dans ce livre, les mesures sont données aussi bien dans le système métrique que dans le système impérial. Pour des raisons de cohérence, il est fortement conseillé de s'en tenir à un seul et même système, le métrique ou l'impérial. Il est déconseillé de passer d'un système à l'autre.

ENTRÉES

Les pâtés et mets semblables proposés ici sont parfaits en guise d'entrée ou de collation légère. Les terrines, plus nourrissantes, présentées à la page 161, servies accompagnées d'une salade et de pain frais, conviennent aussi comme plat principal léger. Certains plats de poisson et de légumes suggérés dans ce livre peuvent être adaptés pour être servi en entrées. La plupart des recettes donnent 4 portions comme plat principal. Si vous voulez présenter le plat en entrée à un groupe de 6 à 8 personnes, vous n'avez qu'à servir des portions plus petites, en partant des mêmes quantités.

CUISSON DES PÂTÉS DANS L'AUTOCUISEUR

Le secret pour réussir un pâté au four est de maintenir le milieu de cuisson humide. Pour ce faire, on place le contenant ou le plat de cuisson dans un bain-marie, c'est-à-dire dans un récipient rempli d'eau. L'autocuiseur est idéal pour la préparation des pâtés, car la vapeur qui l'emplit empêche la préparation de s'assécher en périphérie, tout comme le ferait un bain-marie. Le pâté est prêt en beaucoup moins de temps qu'avec les méthodes de préparation classiques. Si vous souhaitez préparer un de vos pâtés préférés à l'autocuiseur, vous devez réduire d'un tiers la quantité de liquide exigée par la recette. Il faut qu'il en soit ainsi, car dans l'autocuiseur, l'évaporation est moindre que dans le four.

CONGÉLATION DES PÂTÉS

Si vous préparez des pâtés en grande quantité ou si vous voulez en cuisiner à l'avance en vue d'une réception, vous pouvez les congeler et les conserver pendant 4 à 6 semaines. Après ce temps, le pâté a tendance à sécher, à se décolorer et à s'affadir. Avant de congeler les pâtés, placez-les dans un contenant hermétique.

Service : Faire décongeler pendant toute la nuit au réfrigérateur.

AVEC LE MÉLANGEUR

Le mélangeur permet de gagner du temps quand vient le moment de hacher un élément constitutif des pâtés ou des rillettes, par exemple le foie. Pour préparer le *Pâté de luxe* (voir page 33), exécuter la recette jusqu'à l'étape 5. Mettre ensuite l'oignon, la crème et le liquide dans le mélangeur, battre jusqu'à ce que le mélange soit homogène, retirer la préparation du bol, puis ajouter la langue et les cornichons coupés en dés. Pour obtenir un pâté parfaitement homogène, mélanger les cornichons et la langue aux autres ingrédients.

Pour la préparation des rillettes, placer les abattis cuits et désossés, l'oignon cuit, le beurre et tous les autres ingrédients dans le bol du mélangeur puis réduire en purée.

PÂTÉ DE HARENG FUMÉ

Voici un pâté économique et vite fait. Plutôt que des harengs entiers, prendre des harengs fumés préparés en filets afin de s'épargner la corvée de l'extraction des arêtes. Cuire les filets de hareng pendant 1 ou 2 minutes à pression élevée (15 lb) (voir page 62). Défaire de la chair du poisson en flocons pendant qu'il est encore bien chaud et la mettre dans un bol. Pour 4 filets, incorporer 50 ml

(1/4 tasse) de beurre fondu, une gousse d'ail écrasée, 15 ml (1 c. à table) de jus de citron, une pincée de muscade moulue et du poivre noir. Bien battre pour obtenir un mélange onctueux. Répartir dans quatre petits contenants, verser un peu de beurre fondu sur le dessus et laisser refroidir. Servir le pâté accompagné de tranches de pain grillées chaudes et de beurre.

VARIANTES

À la place du hareng, on peut prendre du bouffi. Prévoir une cuisson de 4-5 minutes à pression élevée (15 lb).

PÂTÉ DE FOIE FAMILIAL

Donne 6 à 8 portions
Temps de cuisson sous pression : 20 min

---

450 g (1 lb) de foie de porc
225 g (8 oz) de bacon canadien gras ou de flanc de porc
150 ml (2/3 tasse) de crème à 35 %
30 ml (2 c. à table) de bouillon
2 œufs
sel et poivre

POUR RECOUVRIR :

50 ml (1/4 tasse) de beurre (facultatif)

---

1   Passer le foie et le bacon ou le porc dans le hachoir à viande. Travailler avec la grille à gros trous ou hacher les ingrédients une fois ou deux avec la grille à petits trous si on souhaite obtenir un pâté plus fin.

2   Mélanger avec les autres ingrédients et bien assaisonner.

3 Verser la préparation dans un bol ou un moule à soufflé d'une capacité de 1 litre (4 tasses), sans le remplir au-delà des deux tiers. Protéger à l'aide de deux feuilles de papier parchemin ou de papier d'aluminium beurré.

4 Mettre la grille dans l'autocuiseur et y verser 425 ml (1 3/4 tasse) d'eau.

5 Placer le bol sur la grille, fermer le couvercle et amener l'autocuiseur à pression élevée (15 lb).

6 Réduire le feu et laisser cuire pendant 20 minutes. Faire retomber la pression en laissant l'autocuiseur refroidir à température ambiante.

7 Sortir le bol de l'autocuiseur, ôter le papier parchemin ou le papier d'aluminium, et déposer sur le pâté un autre morceau de papier parchemin ou d'aluminium graissé et sec.

8 Pendant le refroidissement, en plaçant un poids léger sur le pâté, ce dernier aura une meilleure texture et sera plus facile à découper.

9 Servir le pâté accompagné de tranches de pain grillées chaudes et de beurre.

10 Le pâté se conserve quelques jours au réfrigérateur ou pendant 4 à 6 semaines au congélateur. Dans ce dernier cas, protéger le pâté en versant à sa surface du beurre fondu qui se solidifiera. Garnir de citron et de laitue, si désiré.

VARIANTES

On peut ajouter au pâté :

    a) un peu de zeste de citron râpé et de jus de citron, ou

b) 15 ml (1 c. à table) de fines herbes hachées (sauge, thym citronnelle, persil et estragon), ou

c) une généreuse pincée de muscade, de cannelle et de macis moulus.

Au lieu de la crème à 35 %, utiliser une Sauce blanche préparée à partir de 30 ml (2 c. à table) de beurre, 30 ml (2 c. à table) de farine et 150 ml (2/3 tasse) de lait.

Faire revenir 1 oignon haché finement ou 1 à 2 gousses d'ail hachées (ou les deux) dans 30 ml (2 c. à table) de beurre, et ajouter au foie.

Pour les gourmets: Remplacer le bouillon par du xérès ou du brandy.

TARAMA

Certaines recettes de ce pâté d'œufs de morue fumés n'exigent pas de cuisson, mais celle proposée ici donne un pâté à la saveur moins typée.

Donne 6 à 8 portions
Temps de cuisson sous pression : 5 min

---

450 g (1 lb) d'œufs de morue fumés
1 à 2 gousses d'ail
60 ml (4 c. à table) de beurre
45 ml (3 c. à table) de chapelure de pain blanc frais
30 ml (2 c. à table) de crème à 35 %
7 ml (1 1/2 c. à table) de jus de citron
poivre au goût

---

1 Dépouiller les œufs de poisson de la poche.

2 Peler l'ail et l'écraser.

3 Réduire le beurre en crème et y incorporer les autres ingrédients.

4 Poursuivre la recette comme pour le Pâté de foie familial, mais en réduisant la cuisson à 5 minutes à pression élevée (15 lb).

VARIANTES

Pâté aux fruits de mer : On obtient un excellent pâté en mélangeant dans des proportions égales des œufs de morue fumés et du poisson à chair blanche haché ou broyé. Cette préparation saura plaire aux personnes qui trouvent que le *Tarama* possède un goût trop marqué. Cuire de la même façon que le pâté décrit à la page 29 pendant 5 minutes seulement et à pression élevée (15 lb).

Pour les gourmets : Remplacer les 30 ml (2 c. à table) de crème par 15 ml (1 c. à table) de xérès sec et 15 ml (1 c. à table) de crème.

Crème à la grecque : Voici un pâté plus léger. Il possède une saveur plus douce que la version classique, non cuite. Suivre les instructions données pour le *Tarama* (voir page 31), mais omettre la crème pour la remplacer par 30 ml (2 c. à table) de purée de tomates. Cuire comme pour le *Tarama*. Servir accompagné d'olives noires.

Pâté au saumon : Remplacer les œufs de poisson fumés par du saumon frais cru, ou par un mélange composé à parts égales de saumon frais et de poisson à chair blanche cru. Passer la chair du poisson dans le hachoir à viande ou la broyer jusqu'à ce qu'elle soit hachée très finement. Assaisonner de sel et de poivre. Lier avec un œuf et suivre ensuite les instructions données pour le *Tarama* proposé plus haut.

PÂTÉ DE LUXE

Donne 4 portions
Temps de cuisson sous pression : 3 min

---

1 petit oignon
50 ml (1/4 tasse) de beurre
225 g (8 oz) de foies de poulet ou de foie de veau
sel et poivre
60 ml (4 c. à table) de crème à 35 %
30 ml (2 c. à table) de brandy, de xérès ou de bouillon
2 cornichons
50 g (2 oz) de langue cuite

---

1   Peler l'oignon puis le râper ou le hacher très finement.

2   Faire fondre le beurre et mélanger avec l'oignon. Réserver.

3   Laver, sécher et saler et poivrer les foies de poulet ou le foie de veau tranché finement. Placer dans un petit moule en métal, ajouter le beurre et l'oignon puis recouvrir de papier parchemin graissé.

4   Mettre la grille dans l'autocuiseur, y verser 250 ml (1 tasse) d'eau et poser le moule sur la grille.

5   Fermer le couvercle et amener l'autocuiseur à pression élevée (15 lb). Cuire pendant 3 minutes (un peu plus longtemps si le foie de veau est découpé en tranches plus épaisses).

6   Laisser retomber la pression sous le robinet d'eau froide. Récupérer le contenu du moule et le battre avec l'oignon et le beurre de manière à obtenir un mélange homogène. Laisser refroidir, puis incorporer la crème et le brandy ou le xérès ou le bouillon.

7   Couper les cornichons et la langue en petits dés et les incorporer au pâté.

8   Recouvrir le pâté de papier d'aluminium afin qu'il ne sèche pas en surface, ou y verser du beurre fondu. Réfrigérer pendant au moins 24 heures avant de le savourer.

9   Servir le pâté accompagné de tranches de pain grillées chaudes et de beurre.

VARIANTES

Pour rehausser la saveur du pâté, ajouter au beurre et à l'oignon du sel à l'ail ou 1 à 2 gousses d'ail écrasées.

En remplaçant la crème à 35 % par du fromage à la crème, on obtient une saveur très délicate. Incorporer au mélange de foie froid (étape 6) 60 à 90 ml (4 à 6 c. à table) de fromage à la crème (la quantité est uniquement question de goût), puis poursuivre les étapes telles que décrites dans la recette précédente.

Pour les gourmets : Servir le pâté accompagné de *Sauce Cumberland* (voir page 175).

RILLETTES

Il s'agit de l'adaptation d'un pâté français bien connu. C'est la façon idéale d'utiliser toute la viande des abattis de dinde, de poulet, etc. et d'obtenir un bouillon savoureux à servir pour accompagner de la volaille rôtie.

1   Mettre les abattis bien lavés dans l'autocuiseur avec 425 ml (1 3/4 tasse) d'eau. Saler et poivrer au goût.

2   Fermer le couvercle, amener l'autocuiseur à pression élevée (15 lb) et cuire les abattis de poulet ou de canard pendant 10 minutes. Compter toutefois 15 minutes pour les abattis de dinde, d'oie et de volailles plus âgées.

3   Laisser retomber la pression sous l'eau froide. Récupérer les abattis et toute la viande du cou. Hacher le cœur et le foie finement.

4   Râper 1 petit oignon, le faire tomber dans 30 à 60 ml (2 à 4 c. à table) de beurre et l'ajouter à la viande des abattis.

5   Mélanger la viande et l'oignon de manière à obtenir un mélange homogène puis y incorporer la crème comme pour le *Pâté de luxe* (voir page 33). La viande des abattis remplace le foie. On peut omettre la langue.

6   Servir les rillettes accompagnées de tranches de pain grillées chaudes et de beurre.

BOUILLONS ET SOUPES

Naguère, la marmite faisait partie de la batterie de cuisine de tout cordon bleu qui se respectait. On y faisait mijoter les os pendant des heures, pour obtenir un bouillon riche, qui donnait une saveur si délicieuse aux soupes, sauces et ragoûts. Nous comprenons maintenant que cette façon de préparer le bouillon était loin d'être la meilleure, et nous apprécions énormément la rapidité et l'efficacité que nous procure l'autocuiseur. De plus, le bouillon produit dans un autocuiseur à partir des os est plus riche que celui obtenu dans une marmite ordinaire.

Les recettes de bouillon sont données aux pages 40 à 42.

Un des mets les plus réconfortants qui soient, la soupe, idéalement servie bouillante dans un bol, parfois présentée en entrée rafraîchissante du repas.

Il est rassurant de savoir qu'on peut préparer suffisamment de soupe pour toute la famille à partir d'un autocuiseur, et ce, souvent en quelques minutes seulement. Une bonne soupe peut être composée à partir de quelques légumes, ou d'un reste de viande récupérée des os, ou encore à partir de la carcasse de gibier ou de volaille.

Dans la préparation d'un bouillon ou d'une soupe, il y a quelques points à prendre en considération :

La capacité : Éviter de remplir le récipient de l'autocuiseur au-delà de la moitié de sa capacité. Si on souhaite préparer une grande quantité de soupe, on peut se contenter de travailler avec peu de liquide pour éviter de trop remplir l'appareil pour la cuisson, puisqu'on pourra diluer par la suite la préparation obtenue avec du liquide afin d'obtenir la consistance et la quantité désirées.

La grille: Dans la préparation du bouillon ou de la soupe, on n'utilise pas la grille, car les ingrédients doivent cuire dans le liquide.

La pression: Amener l'autocuiseur à pression élevée (15 lb) en chauffant à feu moyen puis faire retomber la pression en laissant l'autocuiseur refroidir à température ambiante.

Le liquide de cuisson: On constatera dans la plupart des recettes, que la quantité de liquide indiquée est inférieure à celle qu'on utiliserait dans une marmite. Il en est ainsi, car avec l'autocuiseur, il n'y a ni perte ni évaporation.

L'assaisonnement: Comme les ingrédients cuisinés dans l'autocuiseur conservent un maximum de leur saveur naturelle, il faut être prudent avec le sel et les condiments dans la préparation des soupes et des bouillons. Rectifier l'assaisonnement à la fin de la cuisson.

La réduction de la pression: Lorsqu'on prépare des bouillons et des soupes, il faut faire retomber la pression lentement et progressivement en laissant l'autocuiseur refroidir à température ambiante, et non sous l'eau froide.

CONGÉLATION DES BOUILLONS ET DES SOUPES

Si vous préparez un bouillon ou une soupe dans le but de la congeler, il faut réduire la quantité de liquide afin d'obtenir une préparation plus concentrée, qui occupera moins d'espace dans le congélateur. Procéder à la cuisson sous pression, laisser refroidir, dégraisser, placer dans des contenants et congeler. Si la soupe a d'abord été congelée, il est conseillé de l'épaissir au moment de la réchauffer, et d'ajouter seulement à ce stade de la crème ou du lait ainsi que d'autres condiments ou du vin, car ces produits perdent de leur puissance une fois congelés. Le riz et les pâtes ont tendance à ramollir au congélateur, c'est pourquoi il est préférable de les cuire dans la soupe au moment de réchauffer.

Pour réchauffer la soupe cuite congelée: Mettre dans l'autocuiseur découvert environ 250 ml (1 tasse) de bouillon ou d'eau ainsi que tous les autres ingrédients demandés par la recette. Ajouter le bloc de soupe congelée, chauffer à feu doux pendant 2 à 3 minutes puis défaire le bloc en morceaux. Fermer le couvercle, amener lentement et progressivement l'autocuiseur à pression élevée (15 lb) puis laisser retomber la pression. Goûter la soupe, l'épaissir au besoin, ajouter éventuellement d'autres ingrédients et assaisonnements, et poursuivre la cuisson selon les indications de la recette choisie.

PRÉSENTATION DES SOUPES

Les soupes s'ornent volontiers de garnitures, de préférence celles offrant des contrastes de couleurs et de textures agréables. Des herbes hachées, comme le persil, la ciboulette, la menthe et l'estragon produisent un effet intéressant dans les soupes colorées ou pâles. Le yogourt, la crème et la crème sure constituent d'excellentes garnitures, aussi bien dans les soupes chaudes que froides.

Aux soupes de couleur pâle, le paprika confère de la couleur, sans ajouter de saveur trop marquée.

Les croûtons frits ou rôtis sont particulièrement appréciés dans les soupes aux légumes. Pour préparer des croûtons, vous pouvez procéder de deux façons différentes. Couper du pain en dés, le faire revenir dans l'huile ou le beurre, puis l'égoutter. Ou bien faire rôtir du pain puis le couper en dés. Déposer les croûtons sur la soupe à la dernière minute seulement pour qu'ils ne ramollissent pas.

BOUILLONS ET FONDS

Pour fabriquer un bouillon, vous pouvez prendre n'importe quel os. Choisissez aussi bien des os déjà cuits que des os crus. Vous pouvez mélanger toutes les sortes d'os sauf si vous souhaitez obtenir un bouillon clair. Les os de jambon, de gibier à plumes et de venaison ont tendance à dominer les autres, et il est donc préférable de les utiliser isolément.

Les légumes ajoutent de la saveur au bouillon, mais raccourcissent sa durée de conservation. Conservez *toujours* le bouillon au réfrigérateur ou au congélateur. L'autocuiseur permet de préparer des bouillons plus riches, qui parfumeront beaucoup de plats. Voici les définitions des différents types de bouillons :

Fond brun : Il se prépare idéalement à partir d'os de bœuf. Les tibias sont excellents pour la confection du fond brun, de même que les os à moelle, qui produisent un fond riche et gras. Les os de gibier fournissent un fond brun à la saveur et à la couleur très typées. Le bouillon d'agneau ou de mouton est moins polyvalent que le fond de bœuf, mais il est à sa place dans le *Mulligatawny* (voir page 74). Si des légumes sont ajoutés, choisir de préférence des légumes-racines assortis, et non des légumes verts. Ajouter du céleri ainsi que des fines herbes comme le thym, la marjolaine et le persil. Bien assaisonner. Pour obtenir un bouillon plus foncé, faire d'abord revenir les légumes dans l'autocuiseur découvert dans l'huile, la graisse de rôti ou le beurre. Les os obtenus de morceaux de viande rôtie fournissent un fond plus foncé que les os crus ou ceux tirés de la viande bouillie.

Bouillon (« fumet ») de poisson : En faisant cuire du poisson dans un liquide dans l'autocuiseur, il se forme un bouillon très savoureux qui peut être utilisé dans les sauces. Cependant, si une recette demande du fumet de poisson, procéder ainsi : mettre les os et la peau du poisson dans l'autocuiseur avec un morceau de zeste de citron, une feuille de laurier et un bouquet garni (voir page 25). Recouvrir les ingrédients d'eau avec ou sans jus de citron, de vinaigre de vin blanc ou de 30 à 45 ml (2 à 3 c. à table) de vin blanc. Fermer le couvercle, amener l'autocuiseur à pression élevée (15 lb) et laisser cuire pendant 5 minutes seulement. Filtrer le fumet de poisson et utiliser.

Bouillon de jambon : Confectionné avec des os de jambon ou de bacon canadien bouilli. Idéal pour de nombreuses soupes, notamment les soupes à base de légumineuses (voir page 60) et dans les plats où la saveur du porc est recherchée. Prendre un mélange de légumes-racines et se contenter d'aromatiser de marjolaine, de persil et de poivre.

Fond blanc : Pour obtenir un fond blanc parfait, prendre des os de veau et aromatiser avec des légumes « blancs », c'est-à-dire des oignons et du céleri. Parfumer en ajoutant une feuille de laurier, du thym citronnelle et du zeste de citron. Saler délicatement. Ce fond est idéal pour les soupes et les plats délicats.

Fond de volaille : Pour préparer un bouillon moyennement relevé, prendre des os de carcasse de poulet ou de dinde. En ajoutant les abattis, la peau et l'intérieur de la carcasse, on obtient un bouillon plus foncé. Aromatiser comme le *Fond blanc* décrit plus haut. Le bouillon de canard et d'oie est plus foncé et plus riche, et est très gras. L'aromatiser de sauge et d'un peu de zeste d'orange.

Bouillon de légumes : Excellent pour les plats végétariens. Prendre toutes sortes de légumes et de fines herbes. Pour obtenir un bouillon plus foncé, faire d'abord revenir à feu vif les légumes tranchés dans l'huile ou le beurre, dans l'autocuiseur à découvert.

PRÉPARATION DU BOUILLON

Légumes, os, etc.

---

1   Si l'on fait revenir les légumes, le faire dans l'autocuiseur à découvert jusqu'à ce qu'ils soient dorés.

2   Briser ou broyer les os ; plus ils seront hachés fin, plus la saveur s'en dégagera.

3   Mettre les os dans l'autocuiseur en les recouvrant presque complètement d'eau, tout en s'assurant de ne pas remplir le récipient au-delà de la moitié.

4   Ajouter les légumes (s'ils n'ont pas déjà été saisis dans l'autocuiseur à l'étape 1) et les fines herbes. Comme le bouillon sera tamisé, il n'est pas nécessaire de réunir les fines herbes en un bouquet ou dans un sachet de mousseline, comme c'est le cas avec le bouquet garni décrit à la page 25.

5   Fermer le couvercle, amener lentement et progressivement l'autocuiseur à pression élevée (15 lb) puis laisser cuire si possible pendant les temps suivants : pour un bouillon très riche, qui pourra par la suite être dilué, jusqu'à 2 heures ; pour un bouillon à utiliser non dilué, à partir de 30 minutes si les os proviennent de viande cuite, et jusqu'à 45 minutes pour des os crus.

6   Laisser retomber la pression, ôter le couvercle et filtrer le bouillon. Laisser refroidir.

7   Enlever la couche de gras refroidie qui s'est formée sur le dessus du bouillon. Ce gras peut être utilisé plus tard pour faire revenir des ingrédients. Le gras solidifié provenant d'os à moelle peut être clarifié (voir page 167) et utilisé dans la confection de pâtisseries.

CONSOMMÉS ET POTAGES

Les recettes suivantes sont basées sur les bouillons décrits à la page précédente ou sur les consommés classiques proposés plus loin. Le consommé est considéré comme le roi des bouillons. En effet, sa saveur est si riche qu'il se suffit à lui-même pour donner un potage de première classe.

CONSOMMÉ DE BŒUF

Donne 4 à 6 portions
Temps de cuisson sous pression : 30 min

---

340 g (12 oz) de jarret de bœuf
1 litre (4 tasses) de fond brun (voir page 40)
1 oignon
1 carotte
1 feuille de laurier
un peu de xérès (facultatif)

---

1   Couper la viande en petits morceaux.

2   La mettre dans l'autocuiseur avec les autres ingrédients à l'exception du xérès.

3   Fermer le couvercle, amener lentement et progressivement l'autocuiseur à pression élevée (15 lb) puis laisser cuire pendant 30 minutes.

4   Laisser retomber la pression et ôter le couvercle.

5   Filtrer la soupe soigneusement. Pour obtenir un consommé très clair, le passer à travers plusieurs épaisseurs de mousseline. Ou

bien, à l'étape 4, battre dans le consommé 1 à 2 blancs d'œufs et laisser mijoter quelques minutes. Le blanc d'œuf a la propriété de fermer les particules d'aliments comme la viande. Tamiser ensuite le bouillon à travers la mousseline.

6   Ajouter le xérès si désiré et servir bien chaud.

VARIANTES

Consommé de poulet: Pour obtenir un consommé plus savoureux, remplacer le fond de bœuf par du bouillon de poulet et lui ajouter un peu de chair de poulet ou de veau coupée en petits dés. Dans le fond brun ou blanc, des morceaux de gibier, d'agneau et de veau peuvent être ajoutés. Cuire comme indiqué précédemment pour obtenir ainsi des consommés qui peuvent ensuite être servis ou garnis selon les suggestions données plus loin.

Consommé à l'indienne: Préparer le consommé. Pendant la cuisson, dans une petite casserole faire revenir un oignon haché finement dans 30 ml (2 c. à table) de beurre et 10 ml (2 c. à thé) de poudre de cari. Ajouter l'oignon au consommé bien chaud et tamisé. Chauffer pendant 1 minute dans l'autocuiseur à découvert.

Consommé en gelée: Préparer et filtrer le consommé. Mesurer le liquide et, pour chaque 500 ml (2 tasses) de consommé, ajouter 7 ml (1 1/2 c. à thé) de gélatine ramollie dans 30 ml (2 c. à table) de xérès ou de porto. En remuant, dissoudre la gélatine dans le consommé très chaud, laisser refroidir et figer quelque peu. Fouetter énergiquement et servir dans des bols à soupe froids. Si le bouillon de base (voir recette à la page 41) est préparé à partir d'os de veau, ou d'un mélange composé à parts égales d'os de veau et d'os de bœuf, il contient suffisamment de gélatine naturelle pour provoquer la prise du liquide.

Consommé à la tomate en gelée: Ajouter au *Consommé en gelé* un peu de purée de tomates.

Consommé glacé: Préparer le consommé. Le laisser refroidir puis l'oublier quelque temps au congélateur. Verser le consommé dans des bols à soupe refroidis et servir garni de quartiers de citron.

Soupe au poulet à la danoise: Préparer le bouillon de poulet proposé à la page 26, le filtrer et le remettre dans l'autocuiseur. Pour chaque litre (4 tasses) de bouillon, ajouter environ 100 g (4 oz) de poulet coupé en dés uniformes et environ 500 ml (2 tasses) de légumes-racines assortis coupés en dés. Fermer le couvercle. Amener l'autocuiseur à pression élevée (15 lb) et laisser cuire pendant 1 minute. Laisser retomber la pression et ôter le couvercle. Façonner de petits dumplings de la façon indiquée dans la recette de la page 172 et les pocher dans le liquide. Au moment de servir, garnir de persil haché finement.

Consommé à la tomate: Préparer un fond blanc ou un fond de volaille comme indiqué à la page 41. Le passer au tamis. Pour chaque quantité de 500 ml (2 tasses) de fond, prévoir 250 ml (1 tasse) de jus de tomate, un oignon haché très finement et 2 ou 3 branches de céleri hachées finement. Mettre les ingrédients dans l'autocuiseur et fermer le couvercle. Amener l'autocuiseur à pression élevée (15 lb) et laisser cuire pendant 2 minutes. Laisser retomber la pression et ôter le couvercle. Garnir de basilic ou de persil haché.

Consommé de légumes en julienne: Préparer le consommé de base et y ajouter des légumes crus découpés en julienne. Mettre l'autocuiseur sous pression et laisser cuire pendant 1 minute.

Consommé jardinière: Dans la recette précédente, remplacer la julienne de légumes par des légumes coupés en petits dés et cuire de la même façon.

SOUPES AUX LÉGUMES

La plupart des légumes donnent d'excellentes soupes, seuls ou mélangés à d'autres, par exemple l'oignon.

De nombreuses recettes font appel à du «fond blanc ou à de l'eau». Bien entendu, le bouillon communique à la soupe une saveur plus riche et, dans la plupart des recettes de soupes aux légumes, le fond blanc représente un meilleur choix que le fond brun, car il ne compromet ni la couleur ni le goût des légumes. Il serait faux de croire que les soupes aux légumes ne sont réussies qu'avec du bouillon; en effet, cuits sous pression, les légumes conservent tellement mieux leurs saveurs que le produit résultant est de toute façon très goûteux.

Les condiments et les fines herbes, comme le persil, la ciboulette, le thym et le basilic, donnent de la profondeur aux soupes aux légumes. Bien des recettes exigent que les légumes soient hachés. Si la soupe est destinée à être réduite en purée, nul besoin de perdre son temps à hacher les légumes finement. En effet, grâce à la cuisson sous pression, les légumes deviennent tellement tendres qu'ils sont très faciles à passer dans le tamis ou au mélangeur. Souvent, on obtient une purée onctueuse en se contentant d'écraser les légumes à la cuillère de bois. Si le temps presse, les légumes peuvent être mis dans l'autocuiseur sans être hachés. Pour les carottes, les oignons entiers, etc., prolonger la cuisson de 3 ou 4 minutes. Pour préparer une purée de légumes, on peut écraser les légumes laissés entiers à l'aide d'un pilon à pommes de terre.

BORTSCH

Cette soupe est un classique de la cuisine russe. Il en existe de nombreuses variantes, mais celle proposée ici est bonne aussi bien chaude que froide.

Donne 4 à 6 portions
Temps de cuisson sous pression : 20 min

---

1 grosse betterave crue

2 tomates

2 pommes de terre moyennes

1 carotte moyenne

1 oignon

500 ml (2 tasses) de chou

30 ml (2 c. à table) de graisse de rôti de bœuf ou de gras

1 litre (4 tasses) de fond brun, de fond blanc ou d'eau

sel et poivre

bouquet garni (voir page 25)

ou pincée d'un assortiment de fines herbes séchées

1 ou 2 feuilles de laurier

GARNITURE :

persil, yogourt ou crème sure

---

1   Laver, peler et couper la betterave en dés ou la râper.

2   Peler, couper en dés ou râper les autres légumes, à l'exception du chou, qui doit être coupé en lanières.

3   Faire fondre la graisse de rôti dans l'autocuiseur et y faire revenir la betterave pendant 5 minutes.

4 Ajouter au contenu de l'autocuiseur les autres légumes avec le fond ou l'eau, le sel, le poivre, les fines herbes et les feuilles de laurier.

5 Fermer le couvercle puis amener lentement et progressivement l'autocuiseur à pression élevée (15 lb).

6 Réduire le feu et laisser cuire pendant 20 minutes.

7 Laisser retomber la pression et ôter le couvercle.

8 Servir le bortsch garni de persil. Ajouter le yogourt ou la crème sure juste avant de servir.

VARIANTES

Bortsch froid: Exécuter la recette de base en omettant le chou. Laisser refroidir la soupe. Garnir de persil et de yogourt ou de crème sure.

Bortsch avec betterave cuite: Exécuter la recette de base, en utilisant une demie grosse betterave cuite et cuire sous pression pendant 8 minutes.

Pour les gourmets: **Bortsch en gelée**: Exécuter la recette de base en omettant le chou.

Une fois les ingrédients cuits, les passer au chinois ou les mettre au mélangeur. Mesurer la purée obtenue. Pour chaque quantité de 500 ml (2 tasses), mesurer 7 ml (1 1/2 c. à thé) de gélatine. Faire ramollir la gélatine dans 30 ml (2 c. à table) d'eau ou de bouillon froid. Dissoudre dans la soupe bien chaude. Laisser le bortsch prendre légèrement et battre délicatement au fouet. Verser à la louche dans des bols à soupe, garnir de yogourt ou de crème sure.

SOUPE AUX TOPINAMBOURS

Voici une excellente soupe préparée à partir d'un légume farineux. Les proportions indiquées peuvent servir de base pour d'autres soupes, par exemple la *Soupe aux pommes de terre*, dont la recette est donnée à la page 51.

Donne 4 à 6 portions
Temps de cuisson sous pression : 10 min

1,5 litre (6 tasses) de topinambours
10 ml (2 c. à thé) de vinaigre ou de jus de citron
425 ml (1 3/4 tasse) de fond blanc ou d'eau
sel et poivre
30 ml (2 c. à table) de farine
250 ml (1 tasse) de lait
30 ml (2 c. à table) de beurre ou de margarine

GARNITURE :

paprika, persil haché

---

1   Laver et peler les topinambours. S'ils sont gros, les couper en deux. Les mettre dans l'eau froide additionnée de 5 ml (1 c. à thé) de vinaigre ou de jus de citron. Laisser égoutter.

2   Mettre les topinambours dans l'autocuiseur avec un fond blanc ou de l'eau, ajouter l'autre cuillerée à thé de vinaigre ou de jus de citron (l'acidité prévient les légumes de l'oxydation), saler et poivrer.

3   Fermer le couvercle puis amener lentement et progressivement l'autocuiseur à pression élevée (15 lb).

4   Réduire le feu et laisser cuire pendant 10 minutes.

5   Laisser retomber la pression et ôter le couvercle.

6 Délayer la farine dans le lait.

7 Passer ou écraser les topinambours, ou les réduire en purée dans le mélangeur. Remettre dans l'autocuiseur avec le mélange de farine et de lait.

8 Porter la soupe à ébullition.

9 Ajouter le beurre ou la margarine et les condiments choisis puis poursuivre la cuisson pendant 2 à 3 minutes, en remuant sans cesse jusqu'à ce que la soupe soit onctueuse. Servir la soupe saupoudrée de paprika et garnie de persil.

VARIANTES

Si les topinambours sont trop petits, les brosser sans les peler, et en prendre moins de 1 litre (4 tasses).

Prendre 750 ml (3 tasses) de topinambours ; à l'étape 2, ajouter 2 gros oignons hachés et 2 grosses tomates pelées et hachées.

Pour les gourmets : **Crème de topinambour** : À l'étape 6, ne prendre que 150 ml (2/3 tasse) de lait, et passer directement à l'étape 9. Mélanger 2 jaunes d'œufs, 15 ml (1 c. à table) de xérès sec et 150 ml (1/3 tasse) de crème à 15 %. En battant au fouet, incorporer dans le lait bien chaud, mais non bouillant, puis chauffer à feu doux.

À PARTIR DE LA SOUPE AUX TOPINAMBOURS

Sauf indication contraire, les soupes proposées ici exigent le même temps de cuisson que la *Soupe aux topinambours*.

Soupe au céleri-rave : Ce délicieux légume-racine donne une excellente soupe. Prendre la même quantité de céleri-rave que de topinambours dans les recettes et variantes précédentes. Le céleri-rave a tendance à s'oxyder et à changer de couleur. Il faut donc y rajouter du vinaigre ou du jus de citron comme préconisé à l'étape 1 (voir page 49).

Soupe au céleri: Remplacer les topinambours par un pied de céleri de bonne taille. Suivre les étapes de la recette de base en omettant le vinaigre et le jus de citron. Le céleri ne contient pas autant de féculents que les topinambours. Pour obtenir la consistance souhaitée, il faudra peut-être augmenter quelque peu la quantité de farine.

Soupe au céleri et aux amandes: Prendre la même quantité de farine que dans la recette précédente, suivre les mêmes étapes, mais en ajoutant 30 ml (2 c. à table) d'amandes moulues à l'étape 6, en même temps que la farine. Immédiatement avant de servir, garnir la soupe d'amandes effilées.

Soupe aux pommes de terre: Voici une des soupes les plus savoureuses qui soient quand elle est préparée à partir d'un bon fond blanc. Prendre presque la même quantité de pommes de terre que de topinambours de la recette de base (voir page 49), mais en ajoutant 1 ou 2 oignons ou blancs de poireaux. Exécuter la recette de base ou une de ses variantes, mais omettre le vinaigre ou le jus de citron. Le temps de cuisson dans l'autocuiseur peut être ramené à 8 minutes. Dans une soupe aux pommes de terre, on peut se permettre d'y aller généreusement avec le beurre. À l'étape 9, incorporer encore 30 ml (2 c. à table) de beurre à la soupe.

Soupe aux carottes et aux pommes de terre: Prendre une quantité de carottes et de pommes de terre (en proportions égales) équivalant à celle des topinambours de la recette de la page 49. Exécuter la recette de base ou une de ses variantes. Pour conférer une note agréablement piquante à la soupe, lui ajouter à l'étape 2 un peu de vinaigre ou de jus de citron.

VELOUTÉ DE CAROTTES

Voici une purée simple et classique, préparée à partir d'un légume bon marché. Suivre la même recette que pour les navets ou les autres légumes, et aromatiser aux fines herbes.

Donne 4 à 6 portions
Temps de cuisson sous pression : 4 à 8 min

---

1 litre (4 tasses) de carottes
1 petit oignon
30 ml (2 c. à table) de beurre (ou un peu d'huile)
bouquet garni (voir page 25) ou pincée d'un assortiment de fines herbes séchées
1 litre (4 tasses) de fond blanc ou d'eau
sel et poivre

GARNITURE :

cresson de fontaine ou persil

---

1 Éplucher et hacher les carottes, ou brosser des carottes nouvelles. Peler et hacher l'oignon.

2 Faire fondre le beurre ou chauffer l'huile directement dans l'autocuiseur et y faire revenir l'oignon, sans le laisser se colorer.

3 Ajouter les carottes et les autres ingrédients.

4 Fermer le couvercle et amener l'autocuiseur à pression élevée (15 lb).

5 Réduire le feu, poursuivre la cuisson pendant 4 minutes pour les carottes coupées en dés et jusqu'à 8 minutes pour des carottes nouvelles entières.

6 Laisser retomber la pression.

7 Passer les carottes au chinois ou les passer au mélangeur avec le liquide de cuisson de manière à obtenir une purée épaisse.

8 Remettre la préparation dans l'autocuiseur et réchauffer. Si la soupe est trop épaisse, ajouter un peu de liquide (lait, fond blanc ou eau).

9 Servir la soupe garnie de pousses de cresson de fontaine ou de persil.

Pour les gourmets: **Velouté de carottes à l'allemande**: Préparer la soupe selon la recette de base, mais n'utiliser que 500 ml (2 tasses) de fond blanc ou d'eau. Après l'étape 7, incorporer dans la purée une *Sauce blanche* préparée à partir de 30 ml (2 c. à table) de beurre, 30 ml (2 c. à table) de farine et 250 ml (1 tasse) de lait. Chauffer. Incorporer 2 jaunes d'œufs, 150 ml (2/3 tasse) de crème à 15 % et une généreuse pincée de piment de Cayenne. En battant au fouet, incorporer le mélange dans la soupe très chaude, mais non bouillante. Réchauffer à feu doux. Cuire 250 ml (1 tasse) de pâtes alimentaires et les ajouter à la soupe avant de servir.

À PARTIR DU VELOUTÉ DE CAROTTES

Les soupes présentées se préparent de façon semblable au *Velouté de carottes*. Les légumes donnent une purée épaisse et savoureuse.

Soupe aux légumes: Choisir un assortiment de légumes, par exemple des carottes, un navet, du céleri, 1 ou 2 tomates, un oignon, une pomme de terre, et exécuter la recette ci-dessus. Cette soupe peut être préparée à partir d'un fond blanc, mais elle est aussi très savoureuse quand elle est faite à partir d'un fond brun ou d'un bouillon de jambon.

Crème de légumes: Prendre des légumes assortis comme suggéré plus haut, mais suivre la méthode proposée pour le *Velouté de carottes à l'allemande*, en omettant les pâtes alimentaires. Pour une soupe moins riche, omettre les jaunes d'œufs et la majeure partie de la crème, et augmenter la quantité de lait dans la préparation de la sauce.

Vichyssoise: Cette soupe délicieuse, une des soupes froides les plus populaires, est également bonne servie bien chaude. Il faut partir d'un fond blanc de première qualité. Remplacer les carottes de la recette ci-dessus par 6 poireaux moyens (les blancs avec très peu de vert) et ajouter 2 ou 3 pommes de terre moyennes. Pour une soupe froide, omettre l'oignon. Cependant, si elle doit être servie chaude, il faut compter 1 ou 2 oignons pour obtenir une saveur plus robuste, souhaitable dans une soupe bien chaude. Aromatiser avec un peu de persil plutôt qu'avec des fines herbes séchées. Suivre les instructions données pour le *Velouté de carottes* de la page 52, pour un temps de cuisson dans l'autocuiseur de 8 minutes. Passer la soupe au chinois ou au mélangeur, comme à l'étape 7. Pour une soupe bien chaude, la remettre dans l'autocuiseur et réchauffer avec un peu de crème ou de lait. Pour une soupe froide, la réfrigérer et la diluer avec de la crème, ou un mélange de crème et d'un peu de vin blanc.

Avant de servir, garnir la soupe de persil haché et de ciboulette.

Vichyssoise verte: Ne prendre que 3 poireaux et remplacer les autres légumes par 150 à 175 ml (1/2 à 3/4 tasse) de pois écossés. Cette Vichyssoise verte est particulièrement bonne servie froide.

SOUPE À L'OIGNON

Donne 4 à 6 portions
Temps de cuisson sous pression : 3 min

---

5 oignons moyens
60 ml (4 c. à table) de beurre
1 litre (4 tasses) de fond brun
sel et poivre
pain grillé ou tranches de baguette
30 à 60 ml (2 à 4 c. à table) de fromage râpé : cheddar,
gruyère ou parmesan

---

1   Peler les oignons et les émincer finement. Couper les grandes tranches en quatre.

2   Faire fondre le beurre dans l'autocuiseur.

3   Y faire dorer les tranches d'oignon dans le beurre bien chaud. Réserver quelques lanières d'oignon pour la garniture.

4   Ajouter le bouillon. Saler et poivrer.

5   Fermer le couvercle puis amener lentement et progressivement l'autocuiseur à pression élevée (15 lb).

6   Réduire le feu et laisser cuire pendant 3 minutes.

7   Laisser retomber la pression.

8   Déposer des croûtons ou des tranches de pain grillées dans des bols à soupe.

9   Verser la soupe dans les bols, garnir de lanières d'oignon et parsemer de fromage râpé.

VARIANTES

Crème à l'oignon: Omettre les 250 ml (1 tasse) de bouillon. Exécuter la recette jusqu'à l'étape 6. Ôter le couvercle de l'autocuiseur. Délayer 30 ml (2 c. à table) de farine dans 150 ml (2/3 tasse) de lait et 150 ml (2/3 tasse) de crème à 15 %. Incorporer ce mélange à la soupe et remuer jusqu'à épaississement. Garnir de lanières d'oignon. On peut ajouter des croûtons ou des tranches de pain grillées si désiré.

Pour obtenir une saveur plus riche, ajouter 2 gousses d'ail pelées et hachées ou écrasées. Faire revenir l'ail avec les lanières d'oignon à l'étape 3. Poursuivre la recette comme pour la soupe de base, mais servir dans des bols à soupe ou une cocotte allant au four. Glisser sous le gril du four et faire gratiner pendant 1 à 2 minutes, en prenant soin de ne pas brûler le fromage.

Soupe à l'oignon et au céleri: Prendre 3 oignons moyens et 4 à 5 branches de céleri. Faire revenir les oignons à l'étape 3, hacher le céleri et l'ajouter à l'étape 4.

Pour les gourmets: **Soupe à l'oignon gratinée**: Exécuter la recette jusqu'à l'étape 9 en ajoutant un peu de vin blanc sec ou de xérès, si désiré. Faire gratiner le fromage pendant 1 à 2 minutes sous le gril du four.

SOUPE À LA CITROUILLE

La citrouille, comme toutes les cucurbitacées, peut se retrouver aussi bien dans des mets sucrés que salés. Elle donne une soupe onctueuse. Comme les cucurbitacées ne se distinguent pas par une saveur très marquée, on doit compenser leur fadeur par l'ajout de généreuses quantités d'épices et de fines herbes.

Donne 4 à 6 portions
Temps de cuisson sous pression : 8 min

---

1 oignon moyen
2 gousses d'ail
1 carotte moyenne
325 ml (1 3/4 tasse) de citrouille
30 ml (2 c. à table) de beurre
2 ml (1/2 c. à thé) de gingembre moulu (ou au goût)
2 ml (1/2 c. à thé) de graines de coriandre moulues
750 ml (3 tasses) de bouillon de légumes ou de poulet
5 ml (1 c. à thé) de sauge hachée
15 ml (1 c. à table) de persil haché finement

---

1   Peler et hacher finement l'oignon, l'ail et la carotte. Éplucher la citrouille et en retirer toutes les graines et les parties fibreuses. Couper la chair en morceaux.

2   Chauffer le beurre dans l'autocuiseur, ajouter l'oignon et l'ail puis cuire à feu doux pendant 5 minutes.

3   Ajouter la carotte, la chair de citrouille et les épices. Poursuivre la cuisson à feu doux tout en remuant pendant encore 5 minutes.

4   Ajouter le bouillon avec les fines herbes et assaisonner.

5   Fermer le couvercle et amener l'autocuiseur à pression élevée (15 lb).

6   Réduire le feu et laisser cuire pendant 8 minutes.

7   Laisser retomber la pression.

8   Passer la soupe au chinois ou au mélangeur. Réchauffer avant de servir.

VARIANTES

Crème de citrouille: Partir de la recette de base en ajoutant 500 ml (2 tasses) de bouillon. On peut réduire la quantité de condiments à une pincée de chaque épice. La sauge peut être remplacée par 10 ml (2 c. à thé) de thym haché. Passer la soupe au chinois ou au mélangeur, puis la verser dans l'autocuiseur avec 150 ml (2/3 tasse) de lait et 150 ml (2/3 tasse) de crème à 15 %. Si la couleur de la soupe est un peu pâle, mettre une généreuse pincée de curcuma dans le lait avant de l'ajouter à la soupe réduite en purée.

Soupe à la citrouille et au sésame: Exécuter la recette de base en remplaçant le beurre par 30 ml (2 c. à table) d'huile de sésame.

Pour les gourmets: On peut donner davantage de piquant à la soupe en ajoutant aux autres ingrédients un piment fort vidé de ses graines et haché, ou en ajoutant aux autres épices une généreuse pincée de chili en poudre.

SOUPE AUX TOMATES

Donne 4 à 6 portions
Temps de cuisson sous pression: 5 min

---

1 oignon moyen
1 tranche de bacon canadien (facultatif)
2 branches de céleri
5 tomates moyennes
60 ml (4 c. à table) de beurre, de margarine ou de gras de bacon
500 ml (2 tasses) de fond blanc, d'eau ou de bouillon de jambon
1 feuille de laurier
1 à 2 feuilles de basilic ou tiges de persil
sel, poivre et paprika

5 ml (1 c. à thé) de cassonade

GARNITURE:

un peu de crème, de ciboulette hachée ou de basilic haché

---

1 Peler et hacher l'oignon. Couper le bacon, le céleri et les tomates.

2 Chauffer le beurre, la margarine ou le gras de bacon dans l'autocuiseur à découvert et y remuer le bacon et les légumes pendant quelques minutes. Ne pas faire dorer.

3 Ajouter le liquide, les fines herbes, les assaisonnements et la cassonade. Fermer le couvercle, amener l'autocuiseur à pression élevée (15 lb) et laisser cuire pendant 5 minutes.

4 Laisser retomber la pression.

5 Garnir la soupe de crème et de fines herbes.

VARIANTES

Crème de tomate: Exécuter la recette de base précédente, mais en ne prenant que 425 ml (1 3/4 tasse) de fond blanc ou d'eau. Entre-temps, préparer dans une casserole une *Sauce blanche* claire à partir de 30 ml (2 c. à table) de beurre ou de margarine, 30 ml (2 c. à table) de farine, 250 ml (1 tasse) de lait et 30 à 45 ml (2 à 3 c. à table) de crème à 15 %. En battant au fouet, incorporer la purée de tomates dans la sauce très chaude, mais non bouillante, et servir.

Soupe aux tomates et au riz: Exécuter la recette de base en ajoutant de 150 ml (2/3 tasse) de liquide. Porter à ébullition à l'étape 3, ajouter 30 ml (2 c. à table) de riz à grain long, porter de nouveau à ébullition, remuer et poursuivre comme pour la recette de base.

Pour les gourmets: **Soupe glacée aux tomates**: Préparer la soupe en exécutant la recette de base, mais ajouter un peu de betterave râpée et 30 ml (2 c. à table) de xérès. Passer la soupe au chinois ou au mélangeur et la laisser quelque temps au congélateur.

SOUPES DE LÉGUMINEUSES

Les pois, haricots et lentilles sont une excellente source de protéines, et les soupes préparées à partir de légumineuses sont non seulement savoureuses, mais consistantes et nutritives.

SOUPE DE LENTILLES

Donne 4 à 6 portions
Temps de cuisson sous pression: 15 min

---

2 à 3 branches de céleri
2 pommes de terre moyennes
125 ml (1/2 tasse) de lentilles rincées
sel et poivre
bouquet garni (voir page 25) ou généreuse pincée
d'un assortiment de fines herbes séchées
750 ml (3 tasses) de bouillon de jambon ou d'eau,
et quelques couennes de lard
150 ml (2/3 tasse) de lait ou de crème à 15 %

GARNITURE:

croûtons (voir page 39)

---

1   Couper le céleri en dés. Peler et couper les pommes de terre en dés.

2   Mettre tous les ingrédients, sauf le lait et la crème, dans l'autocuiseur.

3   Fermer le couvercle puis amener lentement et progressivement l'autocuiseur à pression élevée (15 lb).

4   Réduire le feu et laisser cuire pendant 15 minutes.

5   Laisser retomber la pression et ôter le couvercle.

6   On constate que les lentilles cuites dans l'autocuiseur sont tellement tendres qu'on n'a pas besoin de réduire la soupe en purée. Il suffit de la remuer énergiquement. Pour obtenir une texture plus onctueuse, retirer le bouquet garni ou les herbes et les couennes de lard (si on en a utilisé) puis passer la soupe au chinois ou au mélangeur.

7   Remettre la soupe dans l'autocuiseur, ajouter le lait ou la crème puis réchauffer. Servir la soupe garnie de croûtons.

SOUPE AUX HARICOTS DE LIMA

Donne 6 à 8 portions
Temps de cuisson sous pression : 25 min

---

250 ml (1 tasse) de haricots de Lima séchés
1,2 litre (5 tasses) de bouillon de jambon ou de bouillon de poulet
2 oignons moyens
2 gousses d'ail
2 carottes moyennes
2 branches de céleri
2 tomates moyennes

pincée de sarriette séchée

15 ml (1 c. à table) de persil haché

5 ml (1 c. à thé) de zeste de citron finement râpé

GARNITURE :

crème sure

---

1 Laver les haricots, les plonger dans le bouillon et les laisser tremper toute la nuit, ou porter à ébullition et laisser mijoter pendant 10 minutes. Couvrir l'autocuiseur et laisser reposer pendant 2 à 3 heures.

2 Peler les oignons et l'ail et les hacher finement. Éplucher et trancher les carottes. Hacher le céleri et les tomates.

3 Assaisonner les haricots et le bouillon contenus dans l'autocuiseur. Si on utilise du bouillon de jambon, saler avec parcimonie. Ajouter les fines herbes et le zeste de citron.

4 Fermer le couvercle puis amener lentement et progressivement l'autocuiseur à pression élevée (15 lb).

5 Réduire le feu et laisser cuire pendant 25 minutes.

6 Laisser retomber la pression naturellement.

7 Passer la soupe au chinois ou au mélangeur, ajouter un peu de bouillon si elle est trop épaisse, puis remettre dans l'autocuiseur à découvert et réchauffer. Rectifier l'assaisonnement et servir la soupe avec de la crème sure.

VARIANTES

Soupe aux haricots azuki : Ces haricots secs rougeâtres donnent une soupe délicieuse et possèdent une saveur douce caractéristique qu'on souhaitera peut-être rehausser par l'ajout d'un peu de jus de citron. Exécuter la recette de base, mais n'utiliser que 2 tomates de taille moyenne et 1 gousse d'ail. Cuisiner les haricots azuki comme les haricots de Lima, mais les cuire 15 minutes seulement. Rectifier l'assaisonnement et servir.

Soupe aux haricots noirs: Dans la mesure du possible, prendre du bouillon de jambon (voir page 41) pour la préparation de cette savoureuse soupe aux haricots noirs. Ajouter aux ingrédients énumérés dans la recette de base 4 tranches de bacon canadien entrelardé. Remplacer la sarriette par 5 ml (1 c. à thé) de cumin moulu. Pour une saveur piquante, ajouter aux autres ingrédients 5 ml (1 c. à thé) de chili en poudre ou un piment rouge vidé de ses graines et haché. Cuire pendant 15 minutes.

Soupe aux haricots cannellini: Exécuter la recette de base en ne prenant qu'une tomate moyenne et une gousse d'ail, car les haricots cannellini ont une saveur très délicate. Préparer les haricots cannellini de la même façon que les haricots de Lima, mais les cuire 20 minutes seulement. Cette soupe est délicieuse avec du fromage à la crème.

SOUPE AUX POIS SECS

Voici une soupe très nourrissante. La cuisson des pois exige un certain temps. La différence entre les différents temps de cuisson varie selon qu'on utilise des pois entiers ou des pois cassés.

Donne 4 à 6 portions
Temps de cuisson sous pression: 10 à 20 min

---

125 ml (1/2 tasse) de pois cassés ou entiers
bouillon de jambon ou eau (voir méthode)
2 oignons moyens

1 carotte moyenne

1 petit navet

sel et poivre

feuilles de menthe ou pincée de menthe séchée

GARNITURE:

un peu de crème à 35 %

---

1   Laisser tremper les pois toute la nuit dans du bouillon froid ou de l'eau, ou les mettre dans un bol, les recouvrir d'eau bouillante ou de bouillon bouillant et laisser tremper pendant 1 heure.

2   Mettre les pois dans l'autocuiseur avec le liquide de trempage. Au besoin, ajouter du liquide pour obtenir une quantité totale de 750 ml (3 tasses).

3   Peler et hacher les oignons, la carotte et le navet. Ajouter ces légumes aux autres ingrédients dans l'autocuiseur.

4   Fermer le couvercle puis amener lentement et progressivement l'autocuiseur à pression élevée (15 lb).

5   Réduire le feu et chronométrer un temps de cuisson de 10 minutes pour les pois cassés et de 20 minutes pour les pois entiers.

6   Laisser retomber la pression.

7   Passer la soupe au chinois ou au mélangeur. Réchauffer si besoin. Servir la soupe dans des bols, accompagnée d'un peu de crème.

VARIANTES

Soupe aux haricots blancs: Remplacer les pois secs par 125 ml (1/2 tasse) des haricots blancs. Les faire tremper suivant les instructions données plus haut et utiliser suffisamment de liquide pour obtenir 1 litre (4 tasses) à l'étape 2 si on utilise de petits haricots.

Cuire pendant 20 minutes. Si les haricots sont plus gros, les cuire pendant 30 minutes dans un généreux litre (4 tasses) de liquide.

Pour les gourmets: Garnir de bacon frit croustillant et de menthe fraîchement ciselée.

Soupe aux pois gourmands: Lorsque les pois sont jeunes et tendres, on peut préparer une soupe délicieuse en les faisant cuire avec les cosses. Choisir des pois très jeunes, les laver et les parer. Calculer environ 750 ml (3 tasses) de pois et prendre les ingrédients exigés dans la recette de la *Soupe aux pois secs*. Il va de soi que l'étape du trempage est éliminée. Cuire pendant 5 minutes à pression élevée (15 lb). Passer la soupe au chinois. Servir la soupe chaude ou froide. Garnir de feuilles de menthe.

SOUPES-REPAS

Les soupes préparées à partir de légumineuses proposées à la page précédente et les soupes nourrissantes et costaudes qui suivent sont idéales servies en guise de repas léger.

CHAUDRÉE DE POISSON

Donne 4 à 6 portions
Temps de cuisson sous pression: 2 min

---

2 oignons moyens
3 carottes moyennes
450 g (1 lb) de poisson à chair blanche
(merluche, morue ou aiglefin frais)
30 ml (2 c. à table) de beurre ou de margarine
425 ml (1 3/4 tasse) de fumet de poisson ou d'eau

bouquet garni (voir page 25)
ou pincée d'un assortiment de fines herbes séchées
sel et poivre
30 ml (2 c. à table) de farine
150 ml (2/3 tasse) de lait

GARNITURE:

persil haché

---

1   Peler et râper finement les oignons et les carottes, ou les couper en petits dés.

2   Couper le poisson en petits morceaux de taille uniforme, en enlevant la peau et les arêtes.

3   Faire fondre le beurre ou la margarine dans l'autocuiseur et y faire revenir les légumes pendant 2 à 3 minutes, en prenant soin de ne pas les faire dorer.

4   Ajouter le bouillon ou l'eau, le poisson, les fines herbes et l'assaisonnement.

5   Fermer le couvercle et amener l'autocuiseur à pression élevée (15 lb).

6   Réduire le feu et laisser cuire pendant 2 minutes.

7   Laisser retomber la pression, ôter le couvercle et retirer le bouquet garni.

8   Délayer la farine dans le lait, ajouter ce mélange à la chaudrée de poisson et porter lentement à ébullition en remuant constamment.

9   Poursuivre la cuisson à feu doux pendant 2 à 3 minutes.

10 Garnir de persil ciselé.

VARIANTES

Chaudrée de bacon et de chou: Omettre le poisson et prendre à la place 100 à 170 g (4 à 6 oz) de bacon canadien. Couper le bacon et le faire frire à l'étape 3. À l'étape 4, ajouter la moitié d'un petit chou coupé en lanières. Remplacer le fumet de poisson par de l'eau ou du bouillon de viande. Garnir la chaudrée de fromage râpé et de ciboulette hachée.

Pour les gourmets: **Chaudrée de crustacés**: Remplacer tout le poisson à chair blanche par du homard, des crevettes ou un autre crustacé. Si ces fruits de mer sont déjà cuits, les ajouter à la chaudrée à l'étape 8 avant de verser un mélange composé à parts égales de lait et de crème à 15 %.

SOUPES AU POULET

Une bonne soupe au poulet donne une excellente entrée ou même un repas léger, surtout si on y inclut un peu de la chair du poulet. Les soupes au poulet figurent à la page 67.

Une des façons les plus aisées de préparer une soupe au poulet consiste à cuire la carcasse de la volaille, brisée en quatre morceaux environ, dans l'autocuiseur. Ne pas utiliser la grille. Il suffit de recouvrir les os d'eau, d'ajouter une certaine quantité de fines herbes fraîches assorties ou une généreuse pincée de fines herbes séchées, de saler, de poivrer, puis d'incorporer 1 ou 2 oignons pour ajouter un délicat parfum de légumes. Bien entendu, on peut augmenter la quantité et la variété de légumes selon ses goûts personnels. On peut aussi ajouter 1 ou 2 morceaux de poulet cru pour obtenir une soupe plus « charnue ».

1 Fermer le couvercle et amener l'autocuiseur à pression élevée (15 lb).

2 Cuire pendant 30 à 40 minutes, comme dans la préparation d'un fond blanc.

3 Laisser retomber la pression, ôter le couvercle et retirer les os.

Partant du fond obtenu on peut préparer n'importe quelle des nombreuses variantes de soupe au poulet.

Purée de poulet : Prélever toute la chair des os de poulet. Passer la viande au chinois ou la réduire en purée dans le bol du mélangeur avec le bouillon, avec ou sans légumes. L'onctuosité de la purée obtenue est remarquable. Goûter et rectifier l'assaisonnement au besoin. Remettre la purée dans l'autocuiseur et réchauffer. Servir la soupe garnie de persil haché. Calculer environ 250 ml (1 tasse) par personne.

Crème de poulet : Réchauffer la purée obtenue dans la recette précédente, en ajoutant de la crème à 15 % ou une *Sauce blanche* (voir page 67) préparée pendant la cuisson du poulet.

Préparation de la sauce : Chauffer 30 ml (2 c. à table) de beurre ou de margarine dans une casserole, y incorporer 30 ml (2 c. à table) de farine et ajouter 250 ml (1 tasse) de lait. Porter à ébullition et remuer jusqu'à épaississement. Incorporer cette sauce dans 1 litre (4 tasses) de purée, puis ajouter un peu de crème à 15 % de manière à obtenir une soupe ayant la consistance souhaitée. Prévoir 250 ml (1 tasse) de soupe par personne.

SOUPES À LA DINDE

Toutes les recettes de soupes au poulet peuvent se cuisiner à partir d'une carcasse de dinde. Comme logiquement on obtiendra de plus grandes quantités de bouillon et de purée, on peut congeler l'excédent en vue d'une consommation ultérieure. Prendre soin de ne pas trop charger l'autocuiseur.

Voici une façon délicieuse d'utiliser le bouillon de dinde et la chair récupérée des os.

SOUPE À LA DINDE ET À L'ESTRAGON

Donne 6 à 7 portions
Temps de cuisson sous pression : 30 à 40 min

---

morceaux de carcasse de dinde
sel et poivre
2 ou 3 pommes de terre moyennes
3 ou 4 branches de céleri
30 ml (2 c. à table) de gras de dinde ou de beurre
15 à 30 ml (1 à 2 c. à table) d'estragon frais haché
pincée de sel de céleri
pincée de sel d'ail
pincée de piment de Cayenne

---

1   Mettre la carcasse de dinde dans l'autocuiseur et la recouvrir d'eau.

2   Saler légèrement et poivrer.

3 Fermer le couvercle et amener l'autocuiseur à pression élevée (15 lb).

4 Réduire le feu et laisser cuire pendant 30 à 40 minutes. Plus la cuisson est prolongée, plus le bouillon sera riche.

5 Laisser retomber la pression, retirer les os et le bouillon de l'autocuiseur.

6 Prélever toute la chair des os de la dinde et la hacher finement. Réserver.

7 Entre-temps, peler et couper les pommes de terre en dés et hacher le céleri.

8 Chauffer le gras de dinde (voir page 167 pour la façon de clarifier le gras) ou le beurre directement dans l'autocuiseur.

9 Remuer les pommes de terre, le céleri et la moitié de l'estragon dans le gras sans laisser les légumes dorer.

10 Ajouter environ 1 litre (4 tasses) de bouillon de dinde tamisé puis chauffer. Ajouter ensuite le sel de céleri et le sel d'ail, le piment de Cayenne, la chair de la dinde et le reste d'estragon. Chauffer et servir.

SOUPE DE ROGNONS

Donne 4 à 6 portions
Temps de cuisson sous pression : voir méthode (étape 1)

---

225 g (8 oz) de rognons (voir méthode)
2 oignons
1 ou 2 tranches de bacon canadien
30 ml (2 c. à table) de graisse de rôti ou de margarine

750 ml (3 tasses) de fond brun ou d'eau
avec un cube de bouillon de bœuf
bouquet garni (voir page 25)
sel et poivre
30 ml (2 c. à table) de farine

1 Hacher les rognons finement: il peut s'agir de rognons d'agneau, dont le temps de cuisson est le plus court, 6 minutes à pression élevée (15 lb); de rognons de veau ou de porc, qui mettent 7 minutes à cuire à la même pression, ou de rognons de bœuf, qui exigent une cuisson de 15 minutes dans les mêmes conditions.

2 Peler et hacher les oignons. Débarrasser le bacon de sa couenne.

3 Chauffer la graisse de rôti ou la margarine dans l'autocuiseur à découvert et y faire revenir le bacon, les rognons et les oignons. Ajouter de la couenne de lard pour donner une saveur supplémentaire.

4 Verser dans l'autocuiseur la majeure partie du bouillon (ou de l'eau avec le cube de bouillon) puis ajouter le bouquet garni et les assaisonnements.

5 Fermer le couvercle, amener l'autocuiseur à pression élevée (15 lb) et laisser cuire pendant le temps indiqué à l'étape 1.

6 Laisser retomber la pression.

7 Délayer la farine dans le reste de bouillon ou d'eau et, en remuant, incorporer dans le mélange à base de rognon.

8 Porter à ébullition et remuer sur feu moyen jusqu'à ce que la sauce commence à épaissir quelque peu. Retirer la couenne de lard et le bouquet garni puis servir.

VARIANTES

Crème de rognons: Exécuter la soupe jusqu'à la fin de l'étape 8. Passer la soupe au chinois ou au mélangeur puis la remettre dans l'autocuiseur avec 45 à 60 ml (3 à 4 c. à table) de crème à 15 % ou de crème à 35 %. Réchauffer à feu doux et servir.

Soupe aux rognons à la diable: Mélanger 5 ml (1 c. à thé) de poudre de cari avec la farine à l'étape 7 puis incorporer au liquide 2 ml (1/2 c. à thé) de moutarde préparée et 5 ml (1 c. à thé) de sauce Worcestershire.

Pour les gourmets: Prendre un peu moins de bouillon que dans la recette de base ou dans ses variantes, et remplacer par du porto ou du vin rouge.

POTAGE À L'ÉCOSSAISE

Cette soupe écossaise traditionnelle peut être servie en guise de repas complet et léger. Même si c'est le mouton qui est habituellement choisi pour le potage à l'écossaise, on peut le préparer à partir de bœuf à ragoût. Si on débarrasse la viande des os, la cuisson se trouvera accélérer. Toutefois, on ajoute les os au liquide de cuisson pour relever le goût du potage. La taille des portions dépend de la vocation de la soupe: plat principal léger ou entrée.

Donne 4 à 8 portions
Temps de cuisson sous pression: 8 à 12 min

---

30 ml (2 c. à table) d'orge perlé
225 g (8 oz) de bœuf à ragoût ou 225 à 340 g (8 à 12 oz)
de collier de mouton
2 oignons moyens

2 ou 3 carottes moyennes
1/2 rutabaga moyen
1 navet moyen
un petit quartier de chou
1 litre (4 tasses) d'eau
sel et poivre
15 à 30 ml (1 à 2 c. à table) de persil haché

---

1   Blanchir l'orge en le plaçant dans un bol, le recouvrir d'eau bouillante et le laisser 1 à 2 minutes. Égoutter.

2   Couper la viande en dés, en prenant soin d'enlever le gras excédentaire. Peler et hacher les légumes. Couper le chou en lanières.

3   Mettre la viande, avec les os si utilisés, et les légumes dans l'autocuiseur. Verser l'eau et porter à ébullition, bien assaisonner puis ajouter l'orge.

4   Fermer le couvercle et amener l'autocuiseur à pression élevée (15 lb).

5   Laisser cuire pendant 8 minutes si la viande est coupée en dés, ou 12 minutes s'il s'agit de morceaux plus gros attachés à un os.

6   Laisser retomber la pression. Ôter le couvercle, retirer les os, couper la viande en dés au besoin puis la remettre dans le bouillon.

7   Garnir le potage de persil et servir.

VARIANTES

Laisser la viande de mouton sur l'os. Servir la viande en plat de résistance et présenter le bouillon de légumes séparément.

Bouillon de poulet : Remplacer le mouton par de la chair de poulet cru coupée en dés ou par deux morceaux de poulet.

Pour les gourmets : Ajouter 15 à 30 ml (1 à 2 c. à table) de xérès sec juste avant de servir.

MULLIGATAWNY

Donne 4 à 6 portions
Temps de cuisson sous pression : 6 min

---

750 ml (3 tasses) de bouillon d'agneau ou de mouton (voir page 42)
2 oignons moyens
1 carotte moyenne
1 pomme
1 gousse d'ail (facultative)
60 ml (4 c. à table) de beurre ou de gras
15 à 25 ml (1 à 1 1/2 c. à table) de poudre de cari
5 ml (1 c. à thé) de moutarde sèche
sel et poivre
15 ml (1 c. à table) de chutney
30 ml (2 c. à table) de raisins sultanas

GARNITURE :
persil haché

---

1   Filtrer le bouillon si on suit la recette de la page 42.

2   Peler et hacher les oignons, la carotte et la pomme. Peler et écraser l'ail.

3   Chauffer le beurre ou le gras dans l'autocuiseur, et bien y remuer les légumes et la pomme pendant 3 à 4 minutes.

4 Incorporer la poudre de cari et la moutarde sèche au goût, ajouter le bouillon et les autres ingrédients.

5 Fermer le couvercle, amener l'autocuiseur à pression élevée (15 lb) et laisser cuire pendant 6 minutes.

6 Faire retomber la pression en laissant l'autocuiseur refroidir à température ambiante.

7 Service : garnir de persil. Ou bien, passer au chinois le bouillon ou le mettre au mélangeur, réchauffer dans l'autocuiseur et servir.

VARIANTES

La recette précédente est la recette classique indienne. Si désiré, ajouter 15 ml (1 c. à table) de riz à grain long, porter le bouillon à ébullition à l'étape 4, incorporer le riz et poursuivre comme avec la recette de base. Ne pas passer la soupe au chinois.

Pour donner du piquant à la soupe, ajouter 2 à 3 gouttes de sauce chili.

Pour les gourmets : Voici une soupe délicieuse servie froide. Cuire la soupe comme dans la recette précédente, la passer au mélangeur puis la réfrigérer. Servir la soupe accompagnée de yogourt ou de crème sure, d'amandes hachées et de poivron vert coupé en dés, si désiré.

MINESTRONE

Voici une version très nourrissante de la soupe italienne, qui se veut presque un repas en soi. Prévoir du temps pour la préparation des haricots blancs.

Donne 4 à 6 portions
Temps de cuisson sous pression : 20 à 30 min

---

125 ml (1/2 tasse) de haricots blancs, petits ou grands
eau ou bouillon de jambon (voir mode de préparation)
sel et poivre
2 oignons moyens
1 gousse d'ail (facultative)
2 carottes moyennes
2 ou 3 branches de céleri (facultatives)
2 tranches de bacon canadien entrelardé
1/4 de chou moyen
persil
125 ml (1/2 tasse) de macaronis

GARNITURE :

persil haché et parmesan

---

1   Faire tremper les haricots pendant toute une nuit dans suffisamment d'eau froide pour les recouvrir. Ou encore, les mettre dans un bol, les recouvrir d'eau bouillante et les laisser tremper pendant 1 heure.

2   Mettre les haricots dans l'autocuiseur avec leur eau de trempage et ajouter suffisamment d'eau pour obtenir 750 ml (3 tasses).

3   À ce stade, n'ajouter que très peu de sel et de poivre.

4 Fermer le couvercle et amener l'autocuiseur à pression élevée (15 lb).

5 Cuire pendant environ 12 minutes pour de petits haricots et 22 minutes pour de plus gros. Faire retomber la pression en laissant l'autocuiseur refroidir à température ambiante.

6 Pendant la cuisson des haricots, préparer les autres ingrédients. Peler et hacher les oignons et l'ail. Peler et couper les carottes en dés. Hacher le céleri et le bacon en morceaux uniformes. Couper le chou en lanières.

7 Hacher suffisamment de persil pour obtenir 15 à 30 ml (1 à 2 c. à table) pour la garniture. Ôter le couvercle de l'autocuiseur. Goûter le liquide contenu dans l'autocuiseur et rectifier l'assaisonnement.

8 Ajouter tous les autres ingrédients à l'exception des garnitures et fermer de nouveau le couvercle.

9 Rétablir la pression dans l'autocuiseur à 15 lb et poursuivre la cuisson pendant encore 8 minutes.

10 Laisser retomber la pression. Servir la soupe garnie de persil haché et de fromage râpé.

Pour les gourmets : Remplacer le bouillon par un peu de vin blanc sec.

SOUPES AUX FRUITS

Ces soupes sont très populaires en Europe, parce qu'elles sont à la fois délicieuses et rafraîchissantes par temps chaud, et qu'elles changent des soupes aux légumes.

Ne jamais préparer de mélange de fruits trop sucré. En fait, si on apprécie le mariage inhabituel, mais tout à fait acceptable des saveurs salée et sucrée, on pourrait remplacer l'eau dans la recette qui suit par un peu de bouillon.

APFELSUPPE (SOUPE AUX POMMES)

Voici une soupe des plus rafraîchissantes. On peut en moduler la saveur en choisissant différentes variétés de pommes.

Donne 4 à 6 portions
Temps de cuisson sous pression : 3 min

---

1 litre (4 tasses) d'eau
5 à 6 pommes
1 citron
sel et poivre
sucre au goût
généreuse pincée de cannelle moulue

---

1 Verser l'eau dans l'autocuiseur. Ne pas utiliser la grille.

2 Peler et trancher les pommes. Prélever 1 ou 2 grandes lanières de zeste de citron et extraire le jus du fruit.

3 Ajouter à l'eau le zeste et le jus de citron, ainsi que les pommes, avec un peu d'assaisonnement, de sucre et de cannelle.

4 Fermer le couvercle et amener l'autocuiseur à pression élevée (15 lb).

5 Cuire pendant 3 minutes. Laisser retomber la pression.

6 Ôter le couvercle et retirer le zeste de citron. Écraser les pommes et passer au chinois, ou bien réduire au mélangeur. Goûter et rectifier l'assaisonnement et le sucre.

7 Servir chaud ou froid.

VARIANTES

Soupe aux prunes Myrobolan : Les prunes Myrobolan, plutôt acides et petites, donnent une soupe délicieuse. Utiliser ces prunes à la place des pommes et aromatiser au macis moulu plutôt qu'à la cannelle.

Autres fruits : on peut aussi prendre des cerises, des prunes, de la rhubarbe.

Pour les gourmets : remplacer la moitié de l'eau par du vin blanc ou du cidre.

SOUPE AUX MARRONS

Donne 4 à 6 portions
Temps de cuisson sous pression : 10 min

---

450 g (1 lb) de marrons
250 ml (1 tasse) de bouillon de jambon ou de fond blanc
sel et piment de Cayenne
250 ml (1 tasse) de lait
30 ml (2 c. à table) de beurre ou de margarine

GARNITURE :

croûtons grillés ou frits

---

1   Laver les marrons.

2   Les mettre dans l'autocuiseur et les recouvrir d'eau. Ne pas sceller l'autocuiseur.

3   Porter à ébullition et laisser mijoter pendant 10 minutes.

4   Laisser égoutter les marrons. Pendant qu'ils sont encore chauds, les débarrasser de leur enveloppe et de la pellicule brune qui les protège.

5   Remettre les marrons pelés dans l'autocuiseur.

6   Ajouter le bouillon, le sel et très peu de poivre.

7   Fermer le couvercle puis amener lentement et progressivement l'autocuiseur à pression élevée (15 lb).

8   Réduire le feu et laisser cuire pendant 10 minutes.

9   Laisser retomber la pression et ôter le couvercle.

10 Écraser les marrons ou les réduire en purée dans le mélangeur avec le liquide, puis remettre dans l'autocuiseur avec le lait et le beurre ou la margarine.

11 Réchauffer de nouveau, puis ajouter du sel et du piment de Cayenne au goût.

12 Servir la soupe garnie de croûtons.

VARIANTES

Ajouter des couennes de lard à l'étape 5 et les retirer à l'étape 9. Ou bien, faire revenir le bacon haché dans l'autocuiseur avant d'ajouter les marrons à l'étape 5. Passer le bacon avec les marrons au chinois ou les réduire au mélangeur.

Soupe aux arachides: Au lieu des marrons, prendre 175 ml (3/4 tasse) d'arachides fraîches en écales. Les écaler. (Si on utilise des arachides déjà écalées, en prendre un peu moins. Mettre les arachides dans l'autocuiseur, ajouter 1 à 2 oignons pelés et hachés, 1 à 2 tomates. Poursuivre l'exécution de la recette comme indiqué plus haut. À l'étape 10, on peut remplacer le beurre ou la margarine par 30 ml (2 c. à table) de beurre d'arachide.

La touche du gourmet: préparer la soupe de base, mais prendre de la crème à 15 % au lieu du lait. Garnir de fragments de bacon croustillant et de persil haché.

POISSON

Même si le poisson se cuit rapidement avec les méthodes habituelles et qu'on a même souvent tendance à trop le cuire, il existe des circonstances dans lesquelles on a intérêt à utiliser l'autocuiseur.

Un avantage appréciable de la cuisson du poisson à l'autocuiseur réside dans le fait que les odeurs n'envahissent pas la cuisine et les autres pièces de la maison. L'odeur reste prisonnière de l'autocuiseur. Puisque, dans ce mode de cuisson, on utilise relativement peu de liquide, la chair du poisson est moins susceptible de se défaire et de perdre sa saveur. De plus, le liquide qui se retrouve au fond de l'autocuiseur constitue est un excellent point de départ pour des sauces intéressantes.

Le poisson peut s'apprêter de bien des façons. Il peut être étuvé (cuit à la vapeur), poché (et converti en ragoût de poisson) ou cuisiné d'une façon qui le rend semblable au poisson au four ou au poisson frit.

POINTS À RETENIR

Temps de cuisson: Il importe de bien chronométrer le temps de cuisson du poisson, peu importe qu'on le prépare à l'autocuiseur ou par toute autre méthode. Des conseils à cet égard sont donnés à la page 85.

Le choix du poisson: Il existe de nombreux types de poissons. Si on ne peut trouver l'espèce exigée par la recette, on tente de la remplacer par une autre. Si le poisson est étuvé (cuit à la vapeur), il faut compter de 170 à 225 g (6 à 8 oz) par personne. Dans certaines recettes comportant d'autres ingrédients, on peut se contenter de quantités moindres de poisson.

Préparation du poisson : Avec l'autocuiseur, on apprête le poisson comme dans toute autre méthode. Ajouter des condiments, un peu de jus de citron ou bien accommoder le poisson avec un peu de farce. Les recettes proposées dans ce livre indiquent différentes façons de rendre le poisson attrayant.

Grille : Cet instrument permet de cuire le poisson au-dessus d'un liquide.

Liquide de cuisson : Il peut s'agir d'eau aromatisée d'épices ou d'aromates, ou bien de lait ou de vin, selon l'espèce de poisson choisie. Si le temps de cuisson dans l'autocuiseur est inférieur à 15 minutes, prévoir au moins 250 ml (1 tasse) de liquide. Pour chaque quart d'heure supplémentaire de cuisson, il faut ajouter 150 ml (2/3 tasse) de liquide. Bien sûr, si on poche le poisson dans un liquide qui sera servi en accompagnement, la quantité de liquide peut être augmentée en fonction de la recette.

Pression : Sauf indication contraire, dans la cuisson du poisson, il faut amener l'autocuiseur à pression élevée (15 lb) rapidement. Toutefois, si le poisson à cuire est placé dans un plat allant au four lui-même installé dans l'autocuiseur, il est préférable d'élever la pression lentement et progressivement (voir page 17, section 6).

Réduction de la pression : Laisser retomber la pression sous l'eau froide courante, sauf si on utilise un plat allant au four, auquel cas on a intérêt à faire retomber la pression en laissant l'autocuiseur refroidir à température ambiante. Le temps pendant lequel la pression diminue doit être compté comme du temps de cuisson.

CONGÉLATION DE METS À BASE DE POISSON

Puisqu'il est facile de rater un plat de poisson en le faisant trop cuire, il est peu probable qu'on soit porté à congeler le poisson préparé à l'autocuiseur. Toutefois, il se produira souvent qu'on veuille y cuire du poisson cru surgelé. Il n'est pas nécessaire de faire décongeler le poisson. Il suffit d'exécuter une recette au choix dans ce livre et de prolonger d'une minute le temps de cuisson indiqué pour les filets et les tranches fines. Les morceaux de poisson plus épais exigeront un temps de cuisson de 10 à 12 minutes par quantité de 450 g (1 lb), selon l'épaisseur de la coupe. Comme cela risque d'allonger le temps de cuisson total, il faut en tenir compte dans le calcul de la quantité de liquide (voir page précédente).

TEMPS DE CUISSON DU POISSON

Aux pages suivantes, on indique les différentes façons d'apprêter le poisson et on donne des idées de recettes. Le temps de cuisson moyen est indiqué ici. Sauf indication contraire, il faut s'y conformer.

En plus d'indications sur les temps de cuisson, on donne des suggestions sur les légumes susceptibles d'accompagner le poisson dans l'autocuiseur. À la fin de la cuisson, on se retrouve ainsi avec un repas complet. Si on fait cuire des légumes en même temps que le poisson, il faut toujours compter *au moins* 250 ml (1 tasse) de liquide.

Filets de plie, de sole, de merlan ou de morue en filets exceptionnellement minces : 3 minutes à pression élevée (15 lb).

Dans le séparateur, cuire des pois, des carottes, des pommes de terre ou des rutabagas coupés en petits dés, ou bien de petits bouquets de chou-fleur.

Darnes de morue, d'aiglefin, de flétan, de turbot, de raie ou de saumon (tranches très fines): 4 minutes à pression élevée (15 lb).

Les mêmes légumes que ceux indiqués sous « filets » peuvent être cuits avec les darnes. On peut les couper en dés un peu plus gros. En même temps que le poisson, on peut aussi cuire du brocoli, des légumes coupés en lanières ou des navets miniatures entiers.

Poissons entiers comme hareng, truite ou bons morceaux de queue de ménomini: 5 minutes à pression élevée (15 lb).

Avec ce temps de cuisson, on peut cuire en même temps que le poisson des gourganes, des haricots verts, des haricots d'Espagne, du chou-fleur coupé en deux ou de petites pommes de terre nouvelles.

Les grands morceaux de maquereau exigent 6 ou 7 minutes de cuisson, mais si le poisson est débarrassé de ses arêtes, réduire le temps de cuisson de 1 ou 2 minutes.

Poissons partagés en gros morceaux, ou grosses portions de saumon et de turbot: compter 12 minutes de cuisson, selon l'épaisseur du poisson, par quantité de 450 g (1 lb), à pression élevée (15 lb).

On conseille de cuire le poisson partiellement, de laisser retomber la pression rapidement, d'ajouter les légumes choisis, puis de rétablir la pression pour poursuivre la cuisson.

SAUCES D'ACCOMPAGNEMENT DU POISSON

Pour obtenir la pression voulue dans l'autocuiseur, il faut d'abord y avoir versé une certaine quantité de liquide. Voilà un point sur lequel nous insistons dans ce livre. Or, après la cuisson, ce liquide peut servir de point de départ à une excellente sauce. Quand le poisson est cuit, le retirer du récipient. Le garder au chaud et préparer la sauce dans l'autocuiseur découvert ou dans une autre casserole.

Sauce blanche: Verser du lait, et non de l'eau dans l'autocuiseur.

Faire fondre 30 ml (2 c. à table) de beurre ou de margarine, incorporer 30 ml (2 c. à table) de farine puis ajouter le liquide contenu dans l'autocuiseur et suffisamment de lait pour obtenir un volume total de 250 ml (1 tasse) de liquide. Remuer à feu doux jusqu'à ce que la sauce soit épaisse et onctueuse. Goûter et rectifier l'assaisonnement au besoin.

Sauce béchamel: Cette sauce se prépare comme la *Sauce blanche*. On ajoute cependant au liquide contenu dans l'autocuiseur un morceau d'oignon, de carotte et de céleri. Ces légumes parfument le lait pendant la cuisson du poisson. Filtrer le liquide et l'utiliser comme dans la recette précédente. Les sauces suivantes sont basées sur la *Sauce blanche* ou la *Sauce béchamel*.

Sauce aux anchois: Ajouter à la sauce 2 ml (1/2 c. à thé) de pâte d'anchois. Saler avec parcimonie.

Sauce aux câpres: Ajouter à la sauce bien chaude, mais non bouillante 10 à 15 ml (2 à 3 c. à thé) de câpres et 10 ml (2 c. à thé) de vinaigre ou de jus de citron.

Sauce au fromage: Ajouter 250 à 500 ml (1 à 2 tasses) de cheddar râpé ou d'un autre fromage se prêtant bien à la cuisson. Ne pas cuire de nouveau.

Sauce à l'aneth: Ajouter à la sauce très chaude, mais non bouillante 15 ml (1 c. à table) d'aneth haché et 10 ml (2 c. à thé) de vinaigre ou de jus de citron.

Sauce au fenouil: Ajouter à la sauce 10 ml (2 c. à thé) de feuilles de fenouil hachées et 10 ml (2 c. à thé) de racine de fenouil hachée (facultative).

Sauce aux champignons: Laisser mijoter 125 ml (1/2 tasse) de champignons en tranches dans le lait déjà présent dans l'autocuiseur, et préparer la sauce.

Sauce au persil: Ajouter 15 à 30 ml (1 à 2 c. à table) de persil haché fin.

Sauce veloutée: Remplacer le lait par du fumet de poisson tamisé.

Sauce au vin: Au lieu du lait, prendre un mélange composé à parts égales de vin et d'eau (ou du fumet de poisson tamisé), puis préparer la sauce. Lorsque celle-ci est épaissie, retirer du feu et incorporer, en battant au fouet, 45 ml (3 c. à table) de crème à 35 %.

Court-bouillon préparé dans l'autocuiseur: Prendre des quantités égales de vin blanc et d'eau, puis poursuivre comme dans la recette précédente. On obtient ainsi un liquide à la saveur très riche.

CUISSON DU POISSON « AU FOUR »

Même si, strictement parlant, l'expression n'est pas correcte, on peut obtenir avec l'autocuiseur des résultats comparables à la cuisson au four en suivant les instructions données ci-dessous.

1 Saler le poisson, y ajouter les condiments désirés, puis l'envelopper dans une feuille de papier d'aluminium ou de papier parchemin bien beurrée ou huilée.

2 Verser dans l'autocuiseur la quantité de liquide nécessaire (au moins 250 ml (1 tasse), voir page 83). Ce liquide peut être épicé ou assaisonné si utilisé pour préparer une sauce d'accompagnement du poisson. Lire les recommandations sur la nature du liquide à utiliser à la page 97, étape 2.

3 Mettre la grille dans l'autocuiseur et y déposer le poisson enveloppé.

4 Fermer le couvercle, amener rapidement l'autocuiseur à pression élevée (15 lb), réduire le feu et laisser cuire pendant le temps indiqué à la page 84.

5 À moins que la recette ne prescrive une autre méthode, laisser retomber la pression sous l'eau froide courante.

6 Retirer le poisson de l'autocuiseur et servir. Si le liquide contenu dans l'autocuiseur est utilisé pour préparer une sauce, garder le poisson au chaud pendant sa préparation.

VARIANTES

Pour cuire le poisson, il peut être plus pratique de le placer dans un contenant quelconque que de l'envelopper dans du papier parchemin ou d'aluminium. Dans plusieurs des recettes présentées ici et à la page suivante, on a recours à cette méthode.

MORUE À LA TOMATE

Donne 3 ou 4 portions
Temps de cuisson sous pression : 4 min

---

1 oignon moyen
3 tomates moyennes
30 ml (2 c. à table) de persil haché
30 ml (2 c. à table) de chapelure
sel et poivre
340 g à 450 g (12 oz à 1 lb) de filet de morue

---

1   Graisser un moule à soufflé ou une petite cocotte.

2   Peler et râper l'oignon. Trancher les tomates.

3   Mélanger le persil haché, l'oignon, les tomates, la chapelure ainsi qu'un peu de sel et de poivre.

4   Mettre la moitié de ce mélange au fond du moule à soufflé ou de la cocotte puis y déposer le poisson.

5   Recouvrir le poisson du reste du mélange.

6   Poser le moule à soufflé ou la cocotte sur la grille de l'autocuiseur.

7   Verser 250 ml (1 tasse) d'eau dans l'autocuiseur.

8   Fermer le couvercle et amener l'autocuiseur à pression élevée (15 lb).

9   Réduire le feu et laisser cuire pendant 4 minutes.

10 Laisser retomber la pression. Servir la morue accompagnée de pain grillé.

VARIANTES

Prendre de l'aiglefin frais ou de la merluche fraîche.

Pour les gourmets: **Turbot à la florentine**: Remplacer la morue par du turbot et garnir de feuilles de fenouil hachées. On peut mélanger un peu de fenouil blanc haché avec de l'oignon. Dans une autre version de ce plat, on cuit les épinards en même temps que la morue dans l'autocuiseur, puis on nappe le poisson et les épinards de *Sauce au fromage* (proposée à la page 88).

VARIANTES À BASE DE POISSON «CUIT AU FOUR»

Les recettes suivantes sont basées sur les principes exposés sous la rubrique *Cuisson du poisson «au four»*. Les temps de cuisson sont les mêmes que ceux indiqués à la page 85. Si une certaine quantité d'ingrédients est ajoutée au poisson, les temps de cuisson s'en trouveront légèrement prolongés.

Morue à la jamaïcaine: Saler 4 darnes de morue et les badigeonner d'un peu de beurre fondu. Déposer sur le poisson 4 petites bananes coupées en deux et salées. Envelopper et laisser cuire pendant 4 minutes à pression élevée (15 lb). Servir accompagné de la *Sauce à la moutarde*.

Sauce à la moutarde: Utiliser comme liquide de cuisson 250 ml (1 tasse) de lait ou d'un mélange de lait et d'eau. Garder le poisson cuit enveloppé et au chaud, tout en préparant la sauce dans l'autocuiseur à découvert. Délayer 30 ml (2 c. à table) de farine, 10 à 15 ml (2 à 3 c. à thé) de moutarde en poudre dans 60 ml (4 c. à table) de lait froid. Incorporer ce mélange dans le liquide présent au fond de l'autocuiseur, ajouter 30 ml (2 c. à table) de beurre ou de margarine et laisser épaissir en remuant à feu doux.

On peut remplacer la morue par tout autre poisson à chair blanche à la saveur intéressante.

Sole à la jamaïcaine: Prendre 4 à 8 filets de sole et les cuire pendant 3 minutes à pression élevée (15 lb). Servir la sole accompagnée de beurre fondu et de sauce. Garnir de cresson de fontaine. On peut apprêter les filets d'autres poissons à chair blanche de la même façon.

Poisson au beurre d'anchois: Incorporer dans 60 ml (4 c. à table) de beurre 5 ml (1 c. à thé) de pâte d'anchois ou 4 ou 5 filets d'anchois hachés. Assaisonner d'un peu de poivre noir et ajouter 10 ml (2 c. à thé) de persil haché. Étendre cette préparation sur 4 darnes ou 4 à 8 filets de poisson à chair blanche et envelopper. Cuire pendant 3 ou 4 minutes à pression élevée (15 lb).

Beurres aromatisés: Au lieu de l'anchois, prendre 15 ml (1 c. à table) de fines herbes hachées finement (fenouil, aneth, persil, etc.) ou 10 ml (2 c. à thé) de poudre de cari ou de purée de tomates.

Morue en cocotte: Placer une couche d'oignons tranchés finement dans un plat bien beurré allant au four, garnir de 1 à 2 tranches de bacon canadien haché et déposer sur le tout 4 darnes de morue ou autre poisson à chair blanche bien assaisonné. Ajouter 45 à 60 ml (3 à 4 c. à table) de lait, de fumet de poisson ou de vin blanc. Garnir encore d'oignons et de bacon et d'une couche de pommes de terre crues tranchées finement et légèrement assaisonnées. Recouvrir de papier d'aluminium bien beurré. Amener lentement et progressivement l'autocuiseur à pression élevée (15 lb). Cuire pendant 12 minutes et faire retomber la pression en laissant l'autocuiseur refroidir à température ambiante.

Merluche à la portugaise: Peler et écraser 1 à 2 gousses d'ail. Peler et hacher 2 à 3 oignons moyens. Peler et trancher 5 à 6 tomates moyennes.

Mélanger les légumes et bien les assaisonner, puis les retourner dans 60 ml (4 c. à table) de beurre fondu ou de margarine. Mettre la moitié du mélange dans un plat allant au four, y déposer 4 darnes de merluche ou d'un autre poisson à chair blanche bien assaisonnées et le reste du mélange à base d'oignon. Recouvrir de papier d'aluminium huilé et poser sur la grille, dans l'autocuiseur. Amener lentement et progressivement l'autocuiseur à pression élevée (15 lb). Cuire pendant 4 à 5 minutes et faire retomber la pression en laissant l'autocuiseur refroidir à température ambiante.

Turbot à la crème: Mélanger 150 ml (2/3 tasse) de crème à 15 % avec 2 ml (1/2 c. à thé) de moutarde préparée, 1 à 2 gouttes de sauce Tabasco, une pincée de sel et de poivre. Ajouter un peu de fenouil ou de persil haché. Mettre 4 portions de turbot dans un plat allant au four, napper du mélange à base de crème et recouvrir de papier d'aluminium huilé. Amener lentement et progressivement l'autocuiseur à pression élevée (15 lb), cuire pendant 4 minutes et faire retomber la pression en laissant l'autocuiseur refroidir à température ambiante.

Sole au gratin: Plier en deux des filets de sole bien assaisonnés et les envelopper de papier d'aluminium généreusement beurré. Amener rapidement l'autocuiseur à pression élevée (15 lb) et laisser cuire pendant 3 minutes. Laisser retomber la pression. Déposer dans un plat allant au four, garnir de fromage râpé, de chapelure et de beurre fondu puis faire dorer pendant 1 minute sous le gril du four très chaud.

Sole Mornay : Cuire la sole comme dans la recette de *Sole au gratin*. Placer le poisson dans un plat peu profond allant au four. Napper de la *Sauce au fromage* proposée à la page 88. Faire dorer pendant 1 minute sous le gril du four très chaud.

POISSON « DORÉ »

Cette méthode de cuisson confère au poisson une couleur dorée des plus appétissantes, évoquant normalement la friture ou le grillage. Elle résulte d'une combinaison de friture, d'étuvage (cuisson à la vapeur), tel qu'expliqué à la page 105. Bien entendu, le poisson ne sera pas croustillant.

1   Bien sécher le poisson et l'assaisonner.

2   Chauffer une grosse noix de beurre ou d'une autre matière grasse directement dans l'autocuiseur, sa taille dépendra de la quantité de poisson à cuire : compter environ 45 ml (3 c. à table) de beurre pour 4 portions de poisson. Faire dorer le poisson des deux côtés.

3   Retirer le poisson de l'autocuiseur et le déposer dans une assiette ou sur du papier d'aluminium. Arroser avec le gras récupéré au fond de l'autocuiseur.

4   Verser la quantité de liquide requise, en compter au moins 250 ml (1 tasse, voir page 84) dans l'autocuiseur.

5   Mettre la grille en place et déposer le poisson doré dans l'assiette ou sur le papier d'aluminium.

6   Poursuivre comme pour l'étuvage (cuisson à la vapeur), page 105, étapes 3 et 4, mais en réduisant le temps de cuisson de 1 à 2 minutes pour tenir compte de la cuisson réalisée à l'étape précédente.

VARIANTES

Sole meunière: Faire dorer la sole entière ou découpée en filets épais dans 60 à 75 ml (4 à 5 c. à table) de beurre, comme à l'étape 2 page précédente. Déposer le poisson dans l'assiette ou sur le papier d'aluminium. Ajouter un peu de jus de citron, de persil haché et de câpres au beurre déjà dans l'autocuiseur. Chauffer de nouveau le beurre, en arroser la sole et poursuivre comme dans la recette précédente.

GARNITURES POUR LE POISSON

Le poisson à chair blanche a beau avoir bon goût, s'il n'est pas présenté de façon intéressante, il ne paie pas de mine. Les sauces décrites à la page 87 font plus que rehausser le goût du poisson, elles lui donnent aussi de la couleur. Améliorer la présentation des plats de poisson en les garnissant de torsades ou de tranches de citron, de concombre ou de tomate, de cresson de fontaine ou de persil. Le paprika, le persil haché, l'aneth et le fenouil ajoutent tous de la saveur et de la couleur aux plats de poisson.

VARIANTES À BASE POISSON « DORÉ »

Du liquide doit être utilisé après avoir fait dorer le poisson (voir étape 4 page précédente).

Maquereau avec sauce aux groseilles à maquereau: Assaisonner un maquereau entier débarrassé de ses arêtes. Chauffer 30 ml (2 c. à table) de beurre dans l'autocuiseur et y faire dorer le poisson. Déposer le poisson sur du papier d'aluminium et placer sur la grille dans l'autocuiseur. Déposer 250 ml (1 tasse) de groseilles à maquereau avec un peu d'eau et de sucre dans un plat allant au four. Mettre dans l'autocuiseur et ajouter le liquide comme à l'étape 4 page précédente. Amener lentement et progressivement l'autocuiseur à pression élevée (15 lb) et laisser cuire pendant 3 minutes. Faire retomber la pression en laissant l'autocuiseur refroidir à température ambiante.

Raie aux fines herbes: Chauffer 60 ml (4 c. à table) de beurre dans l'autocuiseur. Y faire revenir 2 petits oignons hachés finement et 125 ml (1/2 tasse) de champignons tranchés finement. Ajouter 4 portions de raie, et retourner dans le beurre pendant 1 à 2 minutes. Déposer le poisson sur du papier d'aluminium puis mettre le tout dans l'autocuiseur sur la grille. Ajouter 15 ml (1 c. à table) de fines herbes hachées. Cuire pendant 2 à 3 minutes à pression élevée (15 lb).

Truite amandine: Assaisonner 4 truites fraîches entières. Chauffer 60 ml (4 c. à table) de beurre dans l'autocuiseur et y faire revenir la truite pendant 1/2 à 1 minute de chaque côté. Au moment de faire dorer l'autre côté de la truite, ajouter 50 à 75 ml (1/4 à 1/3 tasse) d'amandes mondées entières. Déposer dans un plat allant au four et le placer sur la grille. Amener lentement et progressivement l'autocuiseur à pression élevée (15 lb) et laisser cuire pendant 2 à 3 minutes. Faire retomber la pression en laissant l'autocuiseur refroidir à température ambiante.

Même si c'est la truite qui est servie habituellement de cette façon, de la sole en filets épais, de la morue en darnes ou d'autres poissons à chair blanche peuvent être apprêtés ainsi.

Turbot à la niçoise: Assaisonner 4 portions de turbot très légèrement et arroser d'un peu de jus de citron. Chauffer 60 ml (4 c. à table) de beurre dans l'autocuiseur et y faire dorer le turbot pendant un bref moment des deux côtés. Déposer sur du papier d'aluminium, garnir de tomate en fines tranches, de 5 ml (1 c. à thé) d'estragon ou de persil haché finement et de petits quartiers de citron. Déposer 1 à 2 filets d'anchois sur chaque portion de poisson et laisser cuire pendant 2 à 3 minutes à pression élevée (15 lb).

POCHAGE DU POISSON

1   Mettre le poisson préparé et le liquide dans l'autocuiseur. Ne pas utiliser la grille. S'assurer qu'il y a suffisamment de liquide. Il en faut au moins 250 ml (1 tasse), voir page 84. À l'étape 2 de *Cuisson du poisson à la vapeur*, page 105, les détails sur le choix du liquide.

2   Ajouter les assaisonnements et les condiments voulus. Des suggestions sont données page suivante.

3   Fermer le couvercle, amener rapidement l'autocuiseur à pression élevée (15 lb), réduire le feu et laisser cuire pendant le temps indiqué à la page 83.

4   À moins que la recette ne prescrive une autre méthode de décompression, laisser retomber la pression sous l'eau froide courante.

5   Retirer le poisson de l'autocuiseur et servir. Si on utilise le liquide contenu dans l'autocuiseur pour préparer une sauce, garder le poisson au chaud pendant l'opération. Voir les recettes proposées aux pages 87, 88, 91 et 92.

AVANTAGES DU POCHAGE DU POISSON

La méthode de cuisson du poisson dans un liquide chaud est idéale pour tous les poissons fumés. Elle est indiquée aussi lorsqu'on souhaite que la saveur du liquide pénètre dans le poisson ou pour accommoder les mollusques et crustacés.

Hareng (fumé): Mettre les harengs dans l'autocuiseur avec au moins 250 ml (1 tasse) d'eau, puis poursuivre la préparation comme avec le pochage. Compter 1 minute environ seulement pour les filets de hareng fumé (sauf s'ils sont très épais, auquel cas il faut calculer 2 minutes, ou 2 à 3 minutes pour les harengs fumés entiers). Laisser retomber la pression, retirer le poisson, laisser égoutter et arroser de beurre. Cette façon de faire ne dégage pas les fortes odeurs habituellement associées à la cuisson de cette espèce de poisson. Le bouffi (hareng entier salé et fumé) peut être préparé de la même façon.

Aiglefin fumé: Si on apprécie l'aiglefin très légèrement fumé, il est conseillé d'utiliser comme liquide de cuisson un mélange composé à parts égales d'eau et de lait. Mettre dans l'autocuiseur l'aiglefin entier ou découpé en filets. Suivre les instructions applicables au pochage, en comptant 3 à 4 minutes pour les morceaux minces, et 7 à 8 minutes pour l'aiglefin entier. À la page 182, on propose une recette de kedgeree.

Aiglefin fumé en crème: Cuire le poisson comme dans la recette précédente, puis défaire sa chair en flocons. Préparer une *Sauce blanche* suivant la recette de la page 87, en utilisant une certaine quantité de fumet de poisson. Ajouter 30 à 45 ml (2 à 3 c. à table) de crème à 35 % et le poisson. Chauffer à feu doux.

Autres variétés de poisson fumé: D'autres espèces de poisson, par exemple la morue, se laissent apprêter ainsi. Le poisson peut être agrémenté d'un œuf poché ou tout simplement de beurre.

Mollusques et crustacés: Les mollusques et crustacés doivent cuire dans une grande quantité d'eau. Compter un bon litre (4 tasses) d'eau pour la cuisson d'un homard vivant, d'un crabe ou d'une quantité d'environ de 3/4 à 1 kg (1 1/2 à 2 lb) de crevettes. Mettre les crustacés dans l'autocuiseur avec l'eau. Saler légèrement. Suivre les instructions données pour le pochage du poisson et compter environ 1 minute pour les crevettes, 5 à 7 minutes pour le crabe et jusqu'à 10 minutes pour un homard de belle taille. Laisser retomber la pression et refroidir le crustacé en le plongeant dans l'eau froide. Le crustacé est cuit lorsque sa carapace arbore une belle couleur rouge. En refroidissant le crustacé rapidement, on empêche sa chair de devenir coriace, ce qui risquerait d'être le cas si on procédait lentement.

CARI DE POISSON

Donne 4 portions
Temps de cuisson sous pression : 2 min*

---

1 petit oignon
1 petite pomme
60 ml (4 c. à table) de beurre, de margarine
ou de gras de bacon
7 à 15 ml (1/2 à 1 c. à table) de poudre de cari
250 ml (1 tasse) d'eau ou de fumet de poisson
5 ml (1 c. à thé) de sucre
15 ml (1 c. à table) de raisins sultanas
quelques gouttes de jus de citron
sel et poivre
4 filets de merluche, de morue ou d'aiglefin frais
30 ml (2 c. à table) de farine
150 ml (2/3 tasse) de lait

---

* La cuisson du poisson est brève, car celle-ci se poursuit à l'étape 12.

1 Peler et râper l'oignon et la pomme.

2 Faire fondre le beurre, la margarine ou le gras de bacon directement dans l'autocuiseur.

3 Faire revenir l'oignon et la pomme dans le corps gras pendant 2 à 3 minutes, sans laisser dorer.

4 En remuant, incorporer la poudre de cari et laisser cuire pendant 1 minute.

5 Ajouter tous les autres ingrédients, à l'exception du poisson, de la farine et du lait.

6 Lorsque la sauce commence à bouillir, poursuivre la cuisson pendant 5 minutes sans pression.

7 Déposer le poisson dans la sauce.

8 Fermer le couvercle et amener l'autocuiseur à pression élevée (15 lb).

9 Réduire le feu et laisser cuire pendant 2 minutes.

10 Laisser refroidir l'autocuiseur sous l'eau froide courante.

11 Délayer la farine dans le lait.

12 Incorporer ce mélange dans la sauce, porter lentement à ébullition et laisser mijoter 2 à 3 minutes, en remuant sans cesse.

13 Servir le cari de poisson accompagné de riz et de chutney.

VARIANTES

Poisson à la diable: Prendre la moitié de la quantité de poudre de cari, mettre un peu de moutarde en poudre et de sauce Worcestershire.

Pour les gourmets : **Cari de poisson à la crème** : Remplacer le lait par de la crème à 15 %.

Garnir de tomates, de citron et de poivron vert.

Poisson en cocotte : Omettre la poudre de cari, la pomme, le sucre et les raisins sultanas, mais porter la quantité d'oignons à 2, et ajouter 2 à 3 carottes râpées. Cuire en suivant la recette de base page précédente. On peut ajouter quelques tomates pelées et tranchées. Dans ce cas, utiliser tout le fumet de poisson et omettre le lait afin d'empêcher la préparation de cailler.

POISSON MARINÉ

Donne 4 portions
Temps de cuisson sous pression : 2 à 3 min

---

1 ou 2 oignons moyens
1 ou 2 pommes (facultatif)
4 portions ou filets de poisson à chair blanche
(morue, merluche, aiglefin frais)
2 à 5 ml (1/2 à 1 c. à thé) d'épices assorties pour marinades
5 à 10 ml (1 à 2 c. à thé) de sucre
2 à 5 ml (1/2 à 1 c. à thé) d'épices assorties
150 ml (2/3 tasse) d'eau
150 ml (2/3 tasse) de vinaigre
pincée de sel
2 feuilles de laurier

---

1 Peler et trancher les oignons. Si on utilise des pommes, les étrogner et les trancher sans les peler.

2 Mettre tous les ingrédients dans l'autocuiseur, sans utiliser la grille.

3 Fermer le couvercle et amener l'autocuiseur à pression élevée (15 lb).

4 Réduire le feu et laisser cuire pendant 2 minutes dans le cas de petites portions de poisson, ou pendant 3 minutes pour les morceaux plus épais.

5 Laisser refroidir l'autocuiseur sous l'eau froide courante et servir le poisson très chaud, ou bien laisser le poisson refroidir et le servir accompagné d'une partie du liquide de cuisson en guise de sauce.

VARIANTES

Hareng ou maquereau mariné : Ouvrir les harengs ou les maquereaux et les débarrasser de leurs arêtes. Rouler les filets en commençant par la tête et immobiliser les rouleaux à l'aide de bâtonnets à cocktail. Cuire comme le poisson mariné, mais en comptant 3 à 4 minutes pour le hareng, et 4 à 5 minutes pour le maquereau, selon la taille du poisson.

Pour les gourmets : **Hareng à la diable** : Peler et râper 1 petit oignon. Ouvrir 4 harengs et les débarrasser de leurs arêtes. Réduire en crème 30 ml (2 c. à table) de beurre ou de margarine. Ajouter 2 à 5 ml (1/2 à 1 c. à thé) de moutarde préparée, 10 ml (2 c. à thé) de sucre, 10 ml (2 c. à thé) de vinaigre, 5 ml (1 c. à thé) sauce Worcestershire, un peu de sel et de poivre. Tartiner cette pâte sur le hareng. Rouler serré. Mettre la grille graissée dans l'autocuiseur, y verser 250 ml (1 tasse) d'eau, ajouter l'oignon râpé et 2 ml (1/2 c. à thé) d'épices assorties pour marinades. Cuire en suivant la recette de base, mais en prévoyant 4 minutes de temps de cuisson. Laisser retomber la pression. Servir le poisson bien chaud accompagné du liquide de cuisson en guise de sauce.

AIGLEFIN DUGLÉRÉ

Donne 4 portions
Temps de cuisson sous pression : 4 min

---

4 grosses tomates
250 ml (1 tasse) de fumet de poisson (voir page 41)
4 portions d'aiglefin
sel et poivre
30 ml (2 c. à table) de beurre ou de margarine
30 ml (2 c. à table) de farine
un peu de lait ou de crème à 15 %

---

1 Peler et trancher les tomates puis les mettre dans l'auto-cuiseur avec du fumet de poisson filtré, du poisson et d'un peu d'assaisonnement.

2 Suivre les instructions données pour le pochage du poisson à la page 97.

3 Retirer le poisson de l'autocuiseur et le garder bien au chaud.

4 Passer les tomates au chinois ou au mélangeur avec le liquide demeuré dans l'autocuiseur.

5 Chauffer le beurre ou la margarine, y incorporer la farine et la purée de tomates.

6 Porter à ébullition, cuire jusqu'à épaississement, retirer du feu et laisser refroidir quelque peu. Incorporer progressivement le lait ou la crème en quantité suffisante pour obtenir une sauce onctueuse pour accompagner le poisson. Napper le poisson de sauce et servir avec des pommes de terre ou du riz.

VARIANTES

Merluche à la maltaise: Remplacer l'aiglefin par de la merluche. Dans l'autocuiseur, ajouter aux tomates 1 oignon haché, et 1 à 2 gousses d'ail écrasées. Omettre le lait ou la crème de l'étape 6 et remplacer par un peu plus de fumet.

Morue à la flamande: Prendre de la morue et non de l'aiglefin. À l'étape 4, omettre les tomates. Ajouter au fumet de poisson 5 ml (1 c. à thé) de moutarde préparée et 10 à 15 ml (2 à 3 c. à thé) de persil haché. À l'étape 6, ajouter au lait ou à la crème un peu de muscade moulue.

Pour les gourmets: **Sole Véronique**: Prendre de la sole à la place de l'aiglefin, en omettant les tomates de l'étape 4 (*Aiglefin Dugléré*), pour les remplacer par 250 ml (1 tasse) de raisins épépinés et pelés. On peut prendre un mélange composé à parts égales de fumet de poisson et de vin blanc. Pocher le poisson pendant 2 à 3 minutes seulement à pression élevée (15 lb). Préparer la sauce comme pour l'*Aiglefin Dugléré*, en mettant des raisins dans le liquide.

Sole à la mexicaine: Remplacer l'aiglefin par de la sole et ajouter au liquide et aux tomates un poivron rouge coupé en dés, 125 ml (1/2 tasse) de champignons tranchés et une généreuse pincée de piment de Cayenne. Suivre la recette de l'*Aiglefin Dugléré* proposée plus haut en sautant l'étape 4.

CUISSON DU POISSON À LA VAPEUR

1   Graisser la grille pour empêcher le poisson d'y adhérer. Pour étuver un certain nombre de filets devant être empilés les uns sur les autres, séparer chaque couche de filets d'une feuille de papier parchemin graissé pour les empêcher de coller les uns aux autres.

2   Verser la quantité de liquide requise dans l'autocuiseur. En mesurer au moins 250 ml (1 tasse), (voir page 84). Pour préparer une sauce légère, prendre de l'eau ou du fumet de poisson. Pour une sauce crémeuse, prendre du lait, ou encore du vin ou du cidre pour une sauce à la saveur plus subtile. Ou mélanger du lait avec de l'eau ou du fumet de poisson, mais pas avec le vin ou le cidre, car le mélange caillerait en se réchauffant. Ajouter le vin ou le lait plus tard à la sauce. Si le liquide de cuisson n'est pas utilisé, verser simplement de l'eau.

3   Mettre la grille en place dans l'autocuiseur et y poser le poisson préparé (voir étape 1).

4   Fermer le couvercle, amener rapidement l'autocuiseur à pression élevée (15 lb), réduire le feu et laisser cuire pendant le temps indiqué à la page 85.

5   À moins que la recette ne prescrive une autre méthode de décompression, laisser retomber la pression sous l'eau froide courante.

6   Retirer le poisson de l'autocuiseur et servir. Si le liquide contenu dans l'autocuiseur sert à préparer une sauce, garder le poisson au chaud pendant sa préparation. Voir les recettes proposées sur la page suivante.

ŒUFS DE POISSON ÉTUVÉS

Œufs de morue: Faire étuver les œufs de morue crus pendant 4 minutes, comme dans la méthode précédente, jusqu'à ce qu'ils deviennent blancs. Découper les œufs en tranches épaisses, garder au chaud et servir accompagnés d'une sauce (voir page 87).

Œufs de morue et bacon canadien: Découper les œufs étuvés en tranches épaisses et faire revenir avec du bacon.

Œufs de hareng: Étuver les œufs mous ou durs pendant 1 minute, ou un peu plus longtemps s'ils sont congelés, selon la méthode décrite précédemment. Servir sur des tranches de pain grillées et garder bien au chaud tout en préparant la sauce (voir page 87).

VARIANTES À BASE POISSON CUIT À LA VAPEUR

Filets de sole farcis: Le poisson s'accommode de la plupart des farces, quoiqu'il craigne celles dont le goût est trop prononcé et qui risquent d'éclipser sa saveur délicate.

On peut se contenter de tartiner les filets d'un beurre aromatisé aux fines herbes, de beurre mélangé avec du zeste de citron (partie jaune de l'écorce) râpé très finement, de fines tranches de tomates assaisonnées, de pâte d'anchois, de beurre aromatisé d'un peu de pâte d'anchois, de poudre de cari ou de moutarde. On peut aussi opter pour une des farces proposées ci-dessous. Les quantités indiquées permettent d'accommoder 4 grands filets ou 8 petits. Lorsque le poisson est recouvert de farce, le rouler serré, puis le placer sur un papier d'aluminium beurré ou un papier parchemin, dans un plat beurré, ou tout simplement sur la grille graissée. Faire étuver selon les instructions données à la page 105, en comptant 3 ou 4 minutes à pression élevée (15 lb), en fonction de l'épaisseur du poisson et de sa farce.

On peut farcir des filets de plie ou de merlan de la même façon.

FARCES POUR POISSON

Farce aux œufs et au fromage : Hacher 2 œufs cuits dur, mélanger avec 250 ml (1 tasse) de fromage râpé, 60 ml (4 c. à table) de beurre fondu, 30 ml (2 c. à table) de mie de pain et 15 ml (1 c. à table) de persil haché. Saler et poivrer.

Farce aux champignons : Hacher 250 ml (1 tasse) de champignons, mélanger avec 60 ml (4 c. à table) de beurre fondu, 10 ml (2 c. à thé) de persil haché, 30 ml (2 c. à table) de mie de pain, des assaisonnements et un petit œuf.

Farce aux champignons et à la tomate : Même préparation que la précédente, mais remplacer l'œuf par 2 tomates moyennes, pelées et hachées.

Farce aux crevettes : Dans la seconde recette, remplacer les champignons par 125 à 175 ml (1/2 à 3/4 tasse) de crevettes décortiquées et hachées.

Farce pour le veau : Comme expliqué à la page 174.

AVANTAGES DE LA CUISSON DU POISSON À LA VAPEUR

Le poisson cuit à la vapeur conserve une texture plus sèche que le poisson poché. Il est donc idéal dans les salades, les mousses, les tourtes au poisson et les croquettes de poisson. La vapeur, ainsi que la brièveté du temps de cuisson dans l'autocuiseur, empêchent la chair du poisson de devenir trop sèche.

CROQUETTES DE POISSON

Verser 250 ml (1 tasse) d'eau dans l'autocuiseur. L'eau peut être aromatisée avec des condiments en vue d'en faire une sauce, ou même la remplacer par du lait ou du fumet de poisson. Mettre 325 ml (1 3/4 tasse) de pommes de terre pelées et tranchées, et la même quantité de morue ou d'un autre poisson à chair blanche, sur un papier graissé posé sur la grille et cuire comme pour le poisson étuvé pendant 4 à 5 minutes à pression élevée (15 lb). Retirer les pommes de terre et les écraser avec une bonne cuillerée de margarine. Incorporer le poisson défait en flocons. Lier avec un œuf ou une *Sauce blanche* épaisse préparée à partir de 30 ml (2 c. à table) de beurre, 30 ml (2 c. à table) de farine et 150 ml (2/3 tasse) de liquide prélevé dans l'autocuiseur. Laisser refroidir légèrement, puis façonner à partir de la préparation 8 à 12 croquettes rondes. Les enrober de farine assaisonnée, d'œuf battu et de chapelure sèche. Faire revenir les croquettes dans un peu de gras jusqu'à ce qu'elles soient dorées et croustillantes.

MOUSSE DE POISSON

Donne 6 portions
Temps de cuisson sous pression: voir les temps
indiqués à la page 85.

---

150 ml (2/3 tasse) de vin blanc
150 ml (2/3 tasse) d'eau
bouquet garni (voir page 25)
550 g (1 1/4 lb) de poisson à chair blanche
(flétan, turbot, aiglefin frais, etc.)
sel et poivre
2 sachets de gélatine en poudre

2 œufs

150 ml (2/3 tasse) de crème à 35 %

GARNITURE :

laitue

---

1 Mettre le vin, avec 150 ml (2/3 tasse) d'eau et le bouquet garni dans l'autocuiseur.

2 Déposer le poisson sur la grille graissée, assaisonner et étuver de la façon indiquée à la page 94. Le temps de cuisson dépend de l'épaisseur du poisson.

3 Retirer le poisson de la grille et en défaire la chair en flocons. Tamiser et mesurer le liquide, puis ajouter suffisamment d'eau ou de vin pour obtenir de nouveau un volume de 250 ml (1 tasse).

4 Réchauffer les ingrédients dans l'autocuiseur à découvert. Mélanger la gélatine avec le reste du liquide et laisser reposer au-dessus d'une casserole remplie d'eau bouillante. Remuer jusqu'à dissolution.

5 Séparer les jaunes d'œufs des blancs, battre les jaunes au fouet jusqu'à ce qu'ils soient légers puis ajouter la gélatine liquide bien chaude. Inclure progressivement le poisson.

6 Laisser le mélange refroidir et prendre légèrement.

7 Fouetter la crème jusqu'à ce qu'elle conserve sa forme et battre les blancs d'œufs en neige très ferme.

8 Incorporer au mélange à base de poisson la crème, puis les blancs d'œufs et rectifier l'assaisonnement.

9 Déposer délicatement à la cuillère dans un moule huilé d'une capacité de 1 litre (4 tasses) et laisser prendre.

10 Démouler sur un lit de laitue et servir accompagné de mayonnaise.

VARIANTES

Mousse de truite: Prendre uniquement de la truite fraîche, ou bien un mélange de truite fraîche cuite et de truite fumée crue.

Pour les gourmets: **Mousse de saumon**: Prendre uniquement du saumon cuit ou un mélange de poisson à chair blanche et de saumon défait en flocons.

SAUMON À LA CONDORCET

Donne 4 portions
Temps de cuisson sous pression: 5 à 7 min

---

150 ml (2/3 tasse) de vin blanc
150 ml (2/3 tasse) d'eau
bouquet garni (voir page 25)
60 ml (4 c. à table) de beurre
1/4 d'un gros concombre
4 grosses tomates
4 darnes de saumon frais
sel et poivre
60 ml (4 c. à table) de farine
45 ml (3 c. à table) de crème à 35 %

GARNITURE:

quartiers de citron

---

1 Mettre le vin, l'eau et le bouquet garni dans l'autocuiseur.

2 Étendre la moitié du beurre sur un morceau de papier d'aluminium et faire fondre le reste.

3 Peler le concombre et les tomates et les trancher finement.

4 Mettre la grille puis le papier d'aluminium dans l'autocuiseur. Y déposer le saumon, le concombre et les tomates.

5 Assaisonner légèrement, verser le beurre fondu sur la préparation puis poursuivre les instructions de l'étuvage du poisson décrit à la page 105, en comptant 5 à 7 minutes de cuisson à pression élevée (15 lb), selon l'épaisseur du poisson.

6 Retirer les légumes et les mettre dans un plat très chaud. Y déposer ensuite le saumon.

7 Passer le liquide et préparer une *Sauce au vin* comme celle décrite à la page 88, en ajoutant de la crème après épaississement.

8 Napper le poisson de cette sauce et garnir de quartiers de citron.

VIANDE, VOLAILLE ET GIBIER

L'autocuiseur est l'instrument idéal pour cuire la viande, la volaille et le gibier. Il permet de gagner énormément de temps et de composer des plats appétissants à partir de coupes de viande bon marché ou de volailles coriaces, difficiles à attendrir, mais qui, une fois cuites sous pression, deviennent tendres et succulentes.

Le liquide de cuisson choisi varie en fonction du plat, mais même de l'eau (ou de l'eau aromatisée avec un cube de bouillon) acquiert une saveur délicieuse en absorbant les sucs de la viande, ce qui permet de réaliser des sauces qui accompagneront les plats à merveille.

POINTS À RETENIR

Le temps de cuisson : Lorsqu'on fait cuire de la viande par ébullition ou braisage, le temps de cuisson est calculé en fonction du poids de la viande, tout comme n'importe quelle autre méthode, c'est-à-dire en comptant une période de cuisson déterminée par quantité de 450 g (1 lb). La seule différence avec l'autocuiseur, c'est que le temps de cuisson total est sensiblement plus court qu'une cuisson à la marmite ou qu'un braisage au four. Ici encore, quand on prépare un ragoût ou un braisé dans l'autocuiseur, le temps de cuisson total est beaucoup plus bref qu'avec la cuisson normale.

Le choix des viandes : Pour obtenir les meilleurs résultats d'une recette donnée, le livre indique une coupe ou un type de viande ou de volaille. Si vous décidez d'opter pour un autre morceau, vous devrez certainement modifier légèrement les temps de cuisson. Si vous achetez un morceau de viande plus tendre ou un poulet plus jeune, il faudra raccourcir le temps de cuisson. Mais, si vous choisissez un morceau moins noble ou une volaille plus coriace, il faudra alors laisser les aliments cuire plus longtemps dans l'auto-cuiseur. Les quantités à utiliser sont indiquées dans les recettes ou dans les introductions aux méthodes de cuisson.

La préparation de la viande: Les recettes suggèrent le mode de présentation des aliments, par exemple le fait qu'ils soient tran-chés, coupés en dés, débités en morceaux, etc. Il est conseillé de suivre ces recommandations, car la découpe peut avoir des réper-cussions sur l'aspect du plat ou sur son temps de cuisson.

La grille: À utiliser lorsqu'il faut maintenir la viande, la volaille ou le gibier au-dessus du liquide.

La pression: Sauf indication contraire, pour la cuisson de la viande, il faut amener l'autocuiseur à pression élevée (15 lb) rapidement. Toutefois, si la viande à cuire est placée dans un plat, allant lui-même au four, placé dans l'autocuiseur, il est préférable d'élever la pression lentement et progressivement (voir pages 16-18).

La réduction de la pression: Laisser retomber la pression sous l'eau froide courante, sauf si la viande est placée dans un plat allant au four, auquel cas on a tout intérêt à faire retomber la pression en laissant l'autocuiseur refroidir à température ambiante. Le temps pendant lequel la pression diminue doit être compté comme du temps de cuisson.

AJOUT D'INGRÉDIENTS À LA VIANDE

Dans certaines recettes, des oignons ou d'autres légumes sont placés dans l'autocuiseur en même temps que la viande. En procédant de la sorte, la viande et liquide destiné à devenir une sauce d'accompagnement seront plus savoureux. Dans d'autres recettes, les légumes sont ajoutés *pendant* la cuisson. Il suffit pour cela de laisser retomber la pression, d'ajouter les légumes, de rétablir la pression et de poursuivre la cuisson pendant une courte période. Les légumes conservent ainsi leur texture et peuvent être servis en accompagnement. Bien souvent, on fait cuire les légumes en vue de les servir avec le ragoût, le braisé, etc. Il faut alors observer les temps de cuisson indiqués aux pages 189 à 199, laisser retomber la pression en temps voulu pour placer le plat contenant les légumes à cuire dans l'autocuiseur. Poursuivre ensuite la cuisson de la viande; tous les éléments du repas seront ainsi prêts en même temps. Si du riz ou des pâtes doivent être servis en accompagnement, voir les commentaires aux pages 207 à 210. Laisser retomber la pression pour ajouter des ingrédients n'est pas plus compliqué que soulever le couvercle d'une casserole.

CONGÉLATION DE LA VIANDE, DE LA VOLAILLE ET DU GIBIER

Dans la préparation de la viande, de la volaille et du gibier, l'autocuiseur peut être utilisé conjointement avec le congélateur de deux façons :

a) Certains de ces aliments peuvent être cuits sous pression sans d'abord avoir été décongelés, comme indiqué plus loin.

b) Après une cuisson à l'autocuiseur, pour des ragoûts et d'autres plats cuisinés, laisser refroidir, puis les mettre dans des contenants et les congeler après. L'autocuiseur servira une nouvelle fois pour réchauffer le mets au moment voulu.

TRAITEMENT DE LA VIANDE CRUE CONGELÉE

Viande en cubes destinée aux ragoûts : Nul besoin de décongeler la viande avant la cuisson. Si la recette exige que la viande soit revenue dans du gras avant d'ajouter du liquide, procéder à cette opération dans l'autocuiseur à découvert et à feu doux pour éviter les éclaboussures. Remuer, les cubes de viande se sépareront alors. Poursuivre ensuite les instructions de la recette. Si la recette exige l'ajout de liquide sans avoir à d'abord faire revenir la viande, déposer le bloc de viande congelée dans l'autocuiseur, ajouter le liquide (environ 425 ml, 1 3/4 tasse), les assaisonnements et les autres ingrédients. Amener l'autocuiseur à pression élevée (15 lb), cuire 5 minutes de plus que de la viande fraîche.

Viande hachée : Si la méthode de cuisson indiquée à la page 125 est utilisée, laisser décongeler la viande hachée afin de pouvoir la défaire en morceaux plus petits, ou la faire revenir comme dans le paragraphe précédent et poursuivre de la recette en suivant les instructions.

Morceaux :
a) Braisage : même si la cuisson peut commencer à partir de l'état congelé, je trouve préférable de laisser l'agneau dégeler d'abord (même si cette viandes peut être braisée même congelée). Pour le bœuf, je préfère le cuire à partir de l'état congelé plutôt que de le faire décongeler. Bien sûr, si le morceau est congelé, il faudra régler le temps de cuisson en conséquence. Faire dorer la viande et poursuivre l'exécution de la recette comme à la page 165, tout en comptant 8 à 9 minutes de temps de cuisson de plus par quantité

de 450 g (1 lb). Ajuster la quantité de liquide afin de tenir compte du temps de cuisson plus prolongé.

b) S'il s'agit de faire bouillir de la viande en morceaux, partir de l'état congelé et compter 10 minutes de plus de temps de cuisson par quantité de 450 g (1 lb).

Volaille et gibier: Les volailles entières doivent être *parfaitement* décongelées avant la cuisson. Faire décongeler une volaille de taille moyenne en la laissant au moins 24 heures au réfrigérateur. Les morceaux de volaille crue peuvent être cuits à l'état congelé. Voir le paragraphe de la viande en cubes.

Pâtés et mousses de viande: Laisser décongeler la viande pendant au moins 12 heures et cuire, ou réchauffer comme dans les recettes proposées aux pages 160 et 169.

PRÉPARATION DES PLATS EN VUE DE LA CONGÉLATION

Pour congeler un ragoût, éviter de le laisser mijoter trop longtemps. En général, je raccourcis le temps de cuisson total dans l'autocuiseur de 2 à 3 minutes, car la cuisson se poursuit encore un peu au moment de réchauffer.

Si vous préparez le plat en vue d'en consommer une partie le jour même et de congeler le reste, suivre les instructions données plus haut, prélever la quantité à congeler, remettre l'autocuiseur sous pression et terminer la cuisson du reste. Il est préférable d'épaissir la sauce au moment de la réchauffer plutôt qu'avant la congélation.

RÉCHAUFFER DES RAGOÛTS CONGELÉS

Verser 250 ml (1 tasse) d'eau ou d'un autre liquide dans l'auto-cuiseur et y déposer le ragoût congelé. Amener l'autocuiseur à pression élevée (15 lb) et réchauffer pendant 5 à 12 minutes, selon la quantité d'aliments. Il se peut que la sauce soit plus fluide que d'ordinaire. Laissez-la donc mijoter quelque peu pour favoriser l'évaporation et, ainsi, l'épaississement.

L'autre façon de traiter les ragoûts congelés consiste à les décongeler lors de la préparation dans l'autocuiseur, à amener celui-ci à pression élevée (15 lb), à cuire pendant 1 à 2 minutes seulement et à laisser retomber la pression immédiatement.

Remarque : Refroidir sous l'eau courante pour éviter une cuisson trop poussée de la viande.

PRÉPARATION D'UN RAGOÛT

Les ragoûts comptent parmi les plats les plus intéressants à préparer à partir de viande, de volaille ou de gibier. Ils donnent l'occasion de faire preuve d'imagination et d'accommoder les viandes avec toute la variété imaginable de légumes, de fines herbes, etc. Le gain de temps est considérable, car la préparation est une affaire de minutes, et non d'heures, comme les recettes qui suivent le prouvent. Le ragoût permet de faire un usage économique de la viande. Compter 100 g (4 oz) de viande par personne.

RÉUSSIR LE RAGOÛT PARFAIT

Saisir la viande : La plupart des viandes ont avantage à être d'abord saisies dans de la graisse de rôti, du gras, du beurre, etc. Inutile d'utiliser une poêle exprès pour cette opération, l'autocuiseur proprement dit faisant très bien l'affaire. En procédant ainsi, aucun gras ne sera perdu, car il se mariera au liquide pour donner un excellent bouillon.

Enrobage de la viande : Avec l'autocuiseur, ne fariner pas la viande (ou volaille, ou gibier) avant de la saisir, mais épaissir plutôt la sauce en fin de cuisson. Cette opération se réalise aisément, comme expliqué dans les recettes. Il suffit de délayer de la farine ou de la fécule de maïs dans un liquide froid. D'incorporer ce mélange dans le liquide de cuisson et de continuer de remuer à feu constant jusqu'à ce que la sauce devienne onctueuse et qu'elle ait la consistance souhaitée. Si la recette exige 30 ml (2 c. à table) de farine, pour utiliser de la fécule de maïs à la place, il suffit de diviser cette quantité par deux et de prendre 15 ml (1 c. à table) de fécule de maïs.

Grille : La grille n'est pas utilisée dans la préparation des ragoûts, car tous leurs ingrédients doivent cuire en baignant dans le liquide de cuisson.

Liquide de cuisson : Prendre de l'eau ou du bouillon, ou ajouter un peu de vin si désiré. Quand on songe à la quantité de liquide qui s'évapore pendant une cuisson normale prolongée, effectuée à la casserole, à la marmite ou au four, on comprend pourquoi on n'utilise avec l'autocuiseur que les deux tiers de la quantité habituelle de liquide.

Pression : Amener rapidement l'autocuiseur à pression élevée (15 lb). Réduire le feu et cuire en suivant la recette.

Réduction de la pression : Sous l'eau froide courante.

RAGOÛT DE BŒUF

Donne 4 ou 5 portions
Temps de cuisson sous pression : 15 min

---

450 à 750 g (1 à 1 1/2 lb) de bœuf à ragoût
(choisir une coupe bon marché)
sel et poivre
2 oignons moyens
4 carottes moyennes
1 ou 2 navets moyens
30 ml (2 c. à table) de graisse de rôti ou de gras
425 ml (1 3/4 tasse) de bouillon ou d'eau avec un cube de bouillon
bouquet garni (voir page 25)
30 ml (2 c. à table) de farine

---

1   Découper la viande en cubes de taille uniforme ou en lanières d'environ 2 cm (1 po). Assaisonner légèrement.

2   Peler les légumes et les découper soigneusement en tranches ou en cubes de taille uniforme.

3   Chauffer le gras dans l'autocuiseur et y faire revenir les oignons puis la viande.

4   Puis verser tout le liquide à l'exception de 45 à 60 ml (3 à 4 c. à table), bien remuer pour dissoudre les sucs adhérant au fond.

5   Ajouter le reste des légumes ainsi que le bouquet garni (fines herbes attachées ensemble et placées dans un sachet de mousseline ou de coton).

6   Fermer le couvercle et amener rapidement l'autocuiseur à pression élevée (15 lb).

7 Réduire le feu et laisser cuire pendant 15 minutes environ, la durée de la cuisson dépendra de la taille des morceaux de viande et de leur qualité. Après ce temps de cuisson, laisser retomber la pression pour goûter le ragoût.

8 Délayer la farine dans le reste de liquide, incorporer ce mélange dans le bouillon bien chaud et continuer à remuer à feu moyen jusqu'à épaississement. Goûter, et rectifier l'assaisonnement.

9 Retirer le bouquet garni et servir.

VARIANTES À BASE DE RAGOÛT DE BŒUF

Bœuf et rognons: Omettre les carottes et les navets. Prendre 100 à 170 g (4 à 6 oz) de rognons de bœuf coupés en dés. On peut omettre les oignons. La viande doit être cuite et la sauce épaissie comme dans la recette de *Bœuf en ragoût*.

Tourte au bœuf et aux rognons: Cuire le bœuf et les rognons comme dans la recette précédente, mais réduire d'une minute le temps de cuisson à pression élevée (15 lb) afin que la viande demeure un peu ferme. Retirer la viande de l'autocuiseur à l'aide d'une écumoire afin de ne prélever que les morceaux de viande. Mettre la préparation dans un moule à tourte de un litre (4 tasses). Laisser refroidir quelque peu, puis garnir d'une croûte de pâte brisée ou feuilletée préparée à partir de 325 ml (1 1/3 tasse) de farine. Cuire pendant environ 35 à 40 minutes au centre d'un four chaud à très chaud (selon le type de pâte utilisée), 220 à 230 °C (425 à 450 °F). Après 20 minutes, réduire le feu. Chauffer le reste de la sauce et la servir avec la tarte. Avant d'épaissir la sauce, on peut lui ajouter des champignons.

Ragoût à la flamande: Suivre la recette du *Ragoût de bœuf* (voir page précédente). Prendre 4 à 5 tomates tranchées. Omettre les carottes, les navets et la farine. Épaissir le ragoût à l'aide d'une tranche de pain tartinée de moutarde. Déposer le pain dans le bouillon, laisser mijoter pendant 2 minutes, battre énergiquement pour incorporer le pain au liquide.

Pour les gourmets : Ces ragoûts simples sont excellents si on remplace une partie du bouillon (ou de l'eau avec le cube de bouillon) par un peu de bière.

Veau Marengo : Remplacer le bœuf par du veau à ragoût, et cuire dans un mélange composé à parts égales de vin blanc et de fond blanc (voir recette à la page 120). Avant d'épaissir le liquide à l'étape 8, lui ajouter 125 ml (1/2 tasse) de petits champignons de Paris et 15 ml (1 c. à table) de purée de tomates.

Cocotte Wellington : Remplacer le bœuf par de l'agneau. Préparer et cuire comme le *Ragoût de bœuf* de la page 120, en ajoutant aux autres légumes du céleri tranché et 2 ml (1/2 c. à thé) de romarin. Garnir de persil haché.

Condiments convenant aux ragoûts : Pour rehausser la saveur d'un ragoût, on peut lui ajouter de la poudre de cari, 5 ml (1 c. à thé) de sauce Worcestershire ou de sauce soya.

RAGOÛT DE BŒUF ET DE LÉGUMES

Donne 8 portions
Temps de cuisson sous pression : 15 min

---

45 ml (3 c. à table) d'huile
1 kg (2 lb) de bœuf à ragoût
250 ml (1 tasse) d'oignons hachés

250 ml (1 tasse) de chaque légume, poireaux, carottes,
haricots verts et céleri, hachés finement
250 ml (1 tasse) de petits pois
6 pommes de terre coupées en dés
1 litre (4 tasses) de fond de bœuf

1   Couper le bœuf en dés et le faire dorer dans l'huile.

2   Ajouter les oignons hachés, les légumes et les pommes de terre.

3   Assaisonner et verser le bouillon bien chaud.

4   Fermer le couvercle et amener l'autocuiseur à pression élevée (15 lb).

5   Cuire pendant 15 minutes.

BŒUF HACHÉ SAVOUREUX

Donne 4 portions
Temps de cuisson sous pression : 5 à 6 min

2 oignons moyens
3 tomates moyennes
environ 250 ml (1 tasse) de légumes-racines (facultatif)
30 à 60 ml (2 à 4 c. à table) de gras
250 ml (1 tasse) de fond brun
450 g (1 lb) de bœuf haché
sel et poivre
30 ml (2 c. à table) de farine
2 ou 4 tranches de pain grillées

1 Peler et trancher les oignons et les tomates. Éplucher les légumes-racines et les couper en dés.

2 Chauffer le gras dans l'autocuiseur à découvert, y faire revenir les oignons et les tomates pendant 2 à 3 minutes. Certains cuisiniers préfèrent faire sauter la viande à ce stade, d'autres l'ajouter après le liquide de cuisson.

3 Verser 250 ml (1 tasse) de bouillon dans l'autocuiseur, ajouter la viande, au moment où le liquide entre en ébullition, remuer pour obtenir une texture onctueuse. Assaisonner et laisser cuire pendant 5 à 6 minutes, selon la qualité de la viande. Laisser retomber la pression.

4 Délayer la farine dans le liquide restant, incorporer ce mélange dans la viande hachée et laisser cuire lentement jusqu'à épaississement.

5 Servir le plat accompagné de tranches de pain grillées ou de riz (voir page 205), ou bien de pommes de terre.

VARIANTES

Cari de viande hachée : Ajouter aux oignons et aux tomates 10 ml (2 c. à thé) de poudre de cari et 5 ml (1 c. à thé) de sucre. Jeter 30 ml (2 c. à table) de raisins sultanas dans le bouillon.

Viande hachée à la crème : Omettre les tomates et aromatiser avec un peu de zeste de citron râpé et un assortiment de fines herbes. Délayer la farine dans 60 à 75 ml (4 à 5 c. à table) de crème à 15 % et épaissir comme dans la recette précédente.

Pour les gourmets : **Chili con carne** : Faire revenir un poivron vert haché et 2 à 3 branches de céleri avec les oignons et les tomates. Incorporer 2 ml (1/2 c. à thé) de chili en poudre et poursuivre la recette de base en omettant les légumes-racines. Goûter la préparation avant de fermer le couvercle. Augmenter la quantité de chili en poudre si désiré. Lorsque la préparation est cuite, chauffer 250 ml (1 tasse) de petits haricots rouges, cuits selon les instructions données aux pages 199 à 202, avec la viande hachée. On peut également prendre une boîte de haricots rouges égouttés. Voir aussi la recette de *Sauce bolonaise* à la page 178.

RAGOÛT IRLANDAIS

Donne 4 portions
Temps de cuisson sous pression : 12 min

---

1 kg (2 lb) de collier ou de côtes découvertes de mouton*
4 pommes de terre
4 à 6 oignons moyens
250 ml (1 tasse) d'eau
sel et poivre

GARNITURE :

persil haché

---

1   Partager le mouton en morceaux de taille uniforme, si cela n'a pas déjà été fait en boucherie.

2   Peler les pommes de terre. Si elles sont petites, les laisser entières ; si elles sont grosses, les découper en tranches. Peler et couper les oignons en tranches épaisses également.

3   Disposer la viande, les pommes de terre et les tranches d'oignon dans l'autocuiseur.

---

* Il se peut qu'on ait besoin de plus de viande, car les os pèsent beaucoup dans la balance.

4 Verser le liquide puis saler et poivrer au goût.

5 Fermer le couvercle et amener l'autocuiseur à pression élevée (15 lb).

6 Réduire le feu et laisser cuire pendant 12 minutes.

7 Faire refroidir sous l'eau froide courante.

8 Disposer la viande et les légumes dans un plat très chaud et garnir de persil haché. Servir le liquide non épaissi en guise de sauce.

VARIANTES

Ragoût du Lancashire : Même si la viande et les légumes peuvent être cuits ensemble disposés en couches dans un plat à part placé dans l'autocuiseur, il est préférable de cuire les ingrédients de la façon décrite dans la recette précédente puis de disposer les aliments dans un plat allant au four, en terminant par une couche de pommes de terre. Mouiller d'un peu de bouillon, badigeonner de beurre fondu et faire dorer sous le gril.

Pour les gourmets : **Agneau au safran :** Prendre des côtes premières d'agneau du *Ragoût irlandais* et un mélange composé à parts égales de bouillon et de vin blanc. Compter 10 minutes de cuisson à pression élevée (15 lb). Récupérer la viande et les légumes, bien laisser égoutter et disposer dans un plat très chaud. Mélanger 150 ml (2/3 tasse) de bouillon avec 150 ml (2/3 tasse) de crème à 35 % et 2 ml (1/2 c. à thé) de safran en poudre. Chauffer à feu doux puis verser sur la viande.

VARIANTES À BASE DE RAGOÛT IRLANDAIS

Dans les recettes proposées ci-après, le liquide de cuisson n'est pas épaissi à la fin. Dans certains cas, les pommes de terre servent d'épaississant naturel.

Goulache: Ce plat peut être préparé à partir d'une seule sorte de viande, par exemple le bœuf ou le veau, mais il est préférable de prendre un mélange de 170 g (6 oz) de bœuf à ragoût, 170 g (6 oz) de veau à ragoût et 170 g (6 oz) de porc maigre. Couper la viande en cubes. Peler ensuite 3 à 4 oignons. Faire revenir les viandes avec les oignons dans l'autocuiseur découvert, dans 60 ml (4 c. à table) de gras. Ajouter une grande boîte de tomates italiennes (ce sont celles qui ont le meilleur goût) avec leur liquide de conservation, le sel, le poivre et 30 ml (2 c. à table) de paprika doux, ainsi que 250 ml (1 tasse) de fond blanc. Fermer le couvercle et amener l'autocuiseur à pression élevée (15 lb). Cuire pendant 15 minutes pour le mélange de viandes ou pour le veau ou le porc seulement, mais que 10 minutes seulement pour le bœuf de bonne qualité. Laisser retomber la pression puis ajouter 4 pommes de terre pelées. Incorporer le mélange à base de tomates et s'assurer que la préparation contient suffisamment de liquide. Rétablir la pression dans l'autocuiseur à 15 lb et laisser cuire pendant 4 minutes. Laisser retomber la pression et servir garni de yogourt et de persil haché. En utilisant le surplus de sauce, vous composerez un délicieux bouillon qui donnera une soupe intéressante.

Tajine tfaya: Ce plat marocain apporte une touche d'exotisme sur la table. Choisir de l'agneau, prendre de la selle de gigot ou du gigot. On peut aussi opter pour des coupes meilleur marché, comme celles utilisées dans le *Ragoût irlandais* proposé précédemment. Compter environ 500 g (1 1/4 lb) d'agneau (poids de la viande désossée). Couper la viande en dés et rouler ces derniers dans un mélange composé de 1 ml (1/4 c. à thé) de gingembre moulu, de 1 ml (1/4 c. à thé) de safran en poudre, le zeste d'un citron râpé, de sel et de poivre. Peler et trancher 2 à 3 oignons. Chauffer 30 ml (2 c. à table) de beurre dans l'autocuiseur à découvert. Faire revenir la viande avec les oignons pendant quelques minutes, puis ajouter 250 ml (1 tasse) de fond blanc. Cuire à pression élevée (15 lb) pendant 10 minutes pour de l'agneau tendre ou 12 minutes pour les coupes meilleur marché, telles que celles utilisées dans le *Ragoût irlandais*. Servir le tajine accompagné de riz (voir page 207).

CÔTES LEVÉES À LA SAUCE AIGRE-DOUCE

Donne 6 à 8 portions
Temps de cuisson sous pression : 12 min

1,5 kg (3 lb) de côtes levées de porc, séparées
10 ml (2 c. à thé) de moutarde sèche
5 ml (1 c. à thé) de sel
15 ml (1 c. à table) d'huile
30 ml (2 c. à table) de cassonade
250 ml (1 tasse) de xérès
15 ml (1 c. à table) de sauce soya
15 ml (1 c. à table) de vinaigre de riz
15 ml (1 c. à table) de gingembre moulu

---

1 Frotter les côtes levées de moutarde et les saler.

2 Chauffer l'huile dans l'autocuiseur et y faire dorer les côtes levées par lots.

3 Remettre toutes les côtes dans l'autocuiseur, saupoudrer de cassonade et remuer.

4 Mélanger le xérès, la sauce soya, le vinaigre et le gingembre.

5 Verser ce mélange sur les côtes et remuer pour les en rober.

6 Fermer le couvercle et amener l'autocuiseur à pression élevée (15 lb).

7 Laisser cuire pendant 12 minutes.

PAUPIETTES DE BŒUF

Donne 4 portions
Temps de cuisson sous pression : 15 à 18 min

Farce pour le veau (voir page 174)
450 g (1 lb) de bœuf à ragoût ou de gîte à la noix de bœuf
découpé en 4 grandes tranches minces
15 à 30 ml (1 à 2 c. à table) de gras ou de graisse de rôti
425 ml (1 3/4 tasse) de bouillon, ou d'eau avec un cube de bouillon
feuille de laurier
sel et poivre
30 ml (2 c. à table) de farine

GARNITURE :

macédoine de légumes
(carottes, navets, oignons, haricots, petits pois, etc., voir étape 10)

---

1 Préparer la farce comme indiqué à la page 174.

2 Aplatir la viande au rouleau à pâtisserie. Si les tranches sont très grandes, les partager en deux.

3 Étendre la farce au centre de chaque tranche de viande.

4 Rouler serré et maintenir les paupiettes avec des cure-dents en bois, une mousseline ou une ficelle à rôti.

5 Chauffer le gras ou la graisse de rôti dans l'autocuiseur.

6 Faire dorer les paupiettes dans le gras. (Les retourner délicatement afin de ne pas les défaire.)

7 Ajouter la majeure partie du liquide et la feuille de laurier. Saler et poivrer.

8 Fermer le couvercle et amener l'autocuiseur à pression élevée (15 lb).

9 Réduire le feu et laisser cuire pendant 12 à 15 minutes, selon le degré de tendreté de la viande. Laisser ensuite retomber la pression.

10 Pendant la cuisson de la viande, préparer les légumes : c'est-à-dire les peler et les couper en dés, écosser les petits pois, etc. Les ajouter au contenu de l'autocuiseur.

11 Rétablir la pression dans l'autocuiseur à 15 lb et poursuivre la cuisson pendant encore 3 minutes.

12 Laisser retomber la pression, retirer les paupiettes de l'autocuiseur et les déposer dans un plat très chaud. Retirer les cure-dents, la mousseline ou la ficelle et répartir les légumes autour des paupiettes.

13 Délayer la farine dans le liquide restant, incorporer ce mélange dans le bouillon et remuer à feu doux jusqu'à épaississement. Retirer la feuille de laurier.

14 Napper les paupiettes d'un peu de sauce et servir le reste séparément.

VARIANTES

Ajouter du vin ou de la bière dans le liquide de cuisson.

PAUPIETTES DE VEAU

Suivre la recette des *Paupiettes de bœuf* en remplaçant le bœuf par du veau en tranches fines, le gras par du beurre, et le fond brun par du fond blanc.

Pour les gourmets: Servir les paupiettes de veau accompagnées d'une sauce crémeuse. Ne prendre que 250 ml (1 tasse) de fond blanc et 30 ml (2 c. à table) de xérès sec. À l'étape 13, délayer la farine dans 150 ml (2/3 tasse) de crème à 15 %, cuire à feu doux en remuant continuellement jusqu'à ce que la sauce épaississe.

BLANQUETTE DE VEAU

Donne 4 portions
Temps de cuisson sous pression: 12 min

---

500 g (1 1/4 lb) de veau à ragoût
2 oignons
60 ml (4 c. à table) de beurre
250 ml (1 tasse) de fond blanc
bouquet garni (voir page 25)
sel et poivre
30 ml (2 c. à table) de farine
150 ml (2/3 tasse) de lait ou de crème à 15 %
1 ou 2 jaunes d'œufs
15 ml (1 c. à table) de jus de citron

---

1   Couper la viande en lanières de taille uniforme. Peler et émincer les oignons.

2   Chauffer le beurre dans l'autocuiseur découvert, y faire revenir la viande pendant 1 à 2 minutes, sans faire dorer.

3   Verser le fond blanc, ajouter le bouquet garni et les assaisonnements. Cuire pendant 12 minutes à pression élevée (15 lb). Laisser retomber la pression.

4   Retirer le bouquet garni, délayer la moitié de la farine dans la moitié du lait ou de la crème et ajouter ce mélange au bouillon. Remuer à feu doux jusqu'à épaississement.

5   Mélanger le reste de lait ou de crème, les jaunes d'œufs et le jus de citron. En battant au fouet, incorporer ce mélange dans la sauce bien chaude et cuire à feu doux pendant 2 à 3 minutes.

6   Servir la blanquette de veau accompagnée de riz (voir page 207).

VARIANTES

Blanquette de lapin: Remplacer le veau par du jeune lapin. Compter 20 minutes de cuisson à pression élevée (15 lb) (étape 3).

Blanquette de poulet ou de pintade: Débiter en morceaux un poulet ou une jeune pintade. Accommoder comme dans la recette précédente. À l'étape 3, compter 5 à 6 minutes de cuisson à pression élevée (15 lb).

RAGOÛT DE GIBIER

Cette recette de ragoût peut s'exécuter avec tous les grands gibiers. Pour faire un ragoût de gibier, il n'est pas du tout nécessaire de faire mariner la viande avant de la cuisiner, mais je trouve que le ragoût a meilleur goût le lendemain, réchauffé, après avoir passé la nuit au réfrigérateur.

Donne 4 à 6 portions
Temps de cuisson sous pression : 15 min

---

750 g à 1 kg (1 1/2 à 2 lb) de gibier
environ 24 petits oignons ou échalotes, ou 2 ou 3 gros oignons
4 à 5 grosses carottes
60 ml (4 c. à table) de graisse de rôti de bœuf ou de gras
425 ml (1 3/4 tasse) de fond brun,
ou d'eau avec 1 1/2 cube de bouillon de bœuf
sel et poivre
pincée de sauge séchée ou 5 ml (1 c. à thé) de sauge fraîche hachée
30 ml (2 c. à table) de farine
90 ml (6 c. à table) de vin rouge

---

1   Découper le gibier en cubes de taille uniforme.

2   Peler les oignons ou les échalotes et les carottes. Découper les gros oignons et carottes en grosses rondelles.

3   Chauffer la graisse de rôti ou le gras dans l'autocuiseur à découvert et y faire revenir le gibier et les oignons pendant quelques minutes, jusqu'à ce que ces derniers soient bien dorés. Récupérer ensuite les oignons de l'autocuiseur.

4   Verser le bouillon, ou l'eau avec le bouillon en cube. Ajouter les assaisonnements et la sauge.

5   Fermer le couvercle et amener l'autocuiseur à pression élevée (15 lb). Cuire pendant 10 minutes. Laisser alors retomber la pression puis ajouter les oignons et les carottes.

6 Rétablir la pression dans l'autocuiseur à 15 lb, poursuivre la cuisson pendant 5 minutes, puis laisser retomber la pression.

7 Mélanger la farine et le vin, incorporer dans le bouillon contenu dans l'autocuiseur et cuire à feu doux jusqu'à épaississement.

8 Servir le ragoût accompagné de gelée de groseilles ou de canneberges.

VARIANTES

Ajouter à la sauce 30 à 45 ml (2 à 3 c. à table) de gelée de canneberges.

Prendre 250 ml (1 tasse) de bouillon et 150 ml (2/3 tasse) de jus de conservation de cerises rouges en boîte. Avant de servir, garnir la sauce de cerises.

Ajouter à la sauce une douzaine d'olives noires ou vertes farcies avant de servir.

VARIANTES DU RAGOÛT DE GIBIER

Civet de lièvre : Remplacer le gibier par des morceaux de lièvre, tout en conservant les mêmes quantités de légumes et de liquide. Tenter de récupérer le sang et le foie du lièvre. Laver les morceaux de lièvre à l'eau froide et les sécher. Faire revenir dans l'autocuiseur à découvert avec les oignons préparés. Mélanger le sang au bouillon, puis verser sur le lièvre et les oignons. Ajouter les carottes coupées en rondelles, le foie du lièvre, les assaisonnements et la sauge. Fermer le couvercle, amener l'autocuiseur à pression élevée (15 lb) et laisser cuire pendant 25 à 30 minutes dans le cas d'un jeune lièvre, et 35 à 40 minutes pour un animal plus âgé. Laisser retomber la pression et retirer les morceaux de lièvre.

Réduire le liquide en purée au mélangeur et le remettre dans l'autocuiseur à découvert. Délayer 30 ml (2 c. à table) de farine dans 60 à 75 ml (4 à 5 c. à table) de porto ou de bouillon. Ajouter ce mélange à la sauce, avec 30 à 45 ml (2 à 3 c. à table) de gelée de canneberges. Cuire à feu doux en remuant jusqu'à ce que la sauce épaississe et qu'elle soit onctueuse. Remettre les morceaux de lièvre dans la sauce et réchauffer dans l'autocuiseur à découvert.

Servir le civet de lièvre accompagné de tranches de pain grillées et de gelée de canneberges.

VARIANTES

Faire pocher de petits dumplings (voir recette à la page 172) dans la sauce épaissie. S'assurer que la quantité de liquide est suffisante.

Civet de lapin: Procéder comme dans la recette précédente, mais se contenter d'une cuisson de 20 minutes à pression élevée (15 lb).

Ragoût de queue de bœuf: Au lieu de gibier, prendre une grosse queue de bœuf (ou deux petites). Demander au boucher de la partager en morceaux de taille uniforme. Faire revenir la queue de bœuf avec les oignons comme à l'étape 3. Puisque la queue de bœuf contient une forte quantité de gras naturel, dégraisser la préparation au moment de retirer les oignons de l'autocuiseur (étape 3). Poursuivre comme dans la recette de base, mais en cuisant pendant 30 minutes à l'étape 5. Ajouter les légumes, rétablir la pression élevée (15 lb) et poursuivre la cuisson pendant encore 5 minutes.

VARIANTES

À l'étape 6, ajouter 3 à 4 tomates tranchées et 60 ml (4 c. à table) de petits haricots blancs, cuits selon la méthode indiquée aux pages 199 à 201.

POULET CHASSEUR

Donne 4 à 6 portions
Temps de cuisson sous pression : 5 min

---

1 jeune poulet à rôtir
sel et poivre
125 ml (1/2 tasse) de champignons
1 gros oignon
3 à 4 tomates
60 ml (4 c. à table) de beurre
15 ml (1 c. à table) d'huile
150 ml (2/3 tasse) de vin blanc
150 ml (2/3 tasse) de fond blanc
7 ml (1 1/2 c. à thé) d'estragon haché
2 ml (1 1/2 c. à thé) de persil ou de cerfeuil haché
30 ml (2 c. à table) de farine

---

1 Découper le poulet en morceaux de taille uniforme. Bien assaisonner.

2 Laver et trancher les champignons; ne pas les peler. Peler l'oignon et le hacher ou le trancher. Peler et hacher les tomates, ou les passer au chinois pour en obtenir une purée avant la cuisson.

3 Chauffer le beurre et l'huile dans l'autocuiseur à découvert. Y faire dorer le poulet et le retirer ensuite.

4 Faire revenir l'oignon et les champignons pendant 1 minute. Remettre le poulet et ajouter le vin, les tomates ou la purée de tomates, la majeure partie du bouillon et les fines herbes.

5 Fermer le couvercle, amener l'autocuiseur à pression élevée (15 lb) et laisser cuire pendant 5 minutes.

6 Laisser retomber la pression et délayer la farine dans le reste de bouillon.

7 Incorporer le mélange dans la sauce et continuer à remuer à feu doux jusqu'à ce qu'elle soit épaisse et onctueuse. Rectifier l'assaisonnement au besoin. Si on cuisine pour une seule personne, il n'est pas nécessaire d'épaissir la sauce.

VARIANTES

Dans cette recette et dans la suivante, prendre un jeune poulet déjà coupé en morceaux. Si le poulet est congelé, il n'est pas nécessaire de le décongeler.

Pollo alla cacciatore : On donne du piquant à la version italienne de ce plat en ajoutant 5 ml (1 c. à thé) de marjolaine ou d'origan frais haché, à l'étape 4, ainsi qu'une pincée de clou de girofle en poudre. Le mélange chasseur, préparé aux étapes 2, 4, 5 et 7, est une sauce savoureuse dans laquelle on réchauffe les restes de poulet ou de dinde.

COQ AU VIN

De toute évidence, le vin choisi déterminera l'apparence et la saveur de ce plat. On peut essayer tour à tour le vin rouge ou blanc.

Donne 4 à 6 portions
Temps de cuisson sous pression : 5 min

---

1 jeune poulet à rôtir
125 ml (1/2 tasse) de champignons de Paris
8 petits oignons ou échalotes
1 ou 2 gousses d'ail
100 g (4 oz) de pancetta (en un seul morceau)

60 ml (4 c. à table) de beurre
250 ml (1 tasse) de vin rouge ou blanc
sel et poivre
30 ml (2 c. à table) de farine
30 à 45 ml (2 à 3 c. à table) de bouillon

1 Partager le poulet en morceaux de taille uniforme. Ne pas assaisonner à cette étape.

2 Nettoyer les pieds des champignons. Laver les champignons sans les peler. Peler les oignons et les échalotes. Les laisser entiers. Peler l'ail et l'écraser. Couper la pancetta en cubes.

3 Chauffer le beurre dans l'autocuiseur à découvert et y faire revenir la pancetta et les légumes jusqu'à ce que les oignons soient dorés. Retirer de l'autocuiseur.

4 Ajouter le poulet et cuire à feu doux jusqu'à ce qu'il soit doré.

5 Remettre la pancetta et les légumes. Verser le vin et assaisonner.

6 Fermer le couvercle, amener l'autocuiseur à pression élevée (15 lb) et cuire pendant 5 minutes. Laisser retomber la pression.

7 Délayer la farine dans le bouillon, incorporer ce mélange dans le liquide contenu dans l'autocuiseur et cuire à feu doux tout en remuant jusqu'à ce que la sauce soit épaisse et onctueuse. Goûter la sauce et rectifier l'assaisonnement au besoin.

VARIANTES

Pour les gourmets : **Poulet Marengo** : Suivre les instructions données dans la recette précédente, mais à l'étape 3, ajouter aux oignons une gousse d'ail écrasée et à l'étape 5, incorporer au vin 7 à 15 ml (1/2 à 1 c. à table) de purée de tomates. À l'étape 7, incorporer dans la sauce épaissie quelques olives et la chair d'un petit homard cuit. Chauffer pendant 1 à 2 minutes. Mettre dans un plat très chaud et garnir de croûtons de pain frits et de 4 à 6 œufs frits.

TRIPES AUX OIGNONS À LA CRÈME

Donne 4 à 6 portions
Temps de cuisson sous pression : 10 à 15 min

---

1 kg (2 lb) de tripes
3 ou 4 oignons
30 ml (2 c. à table) de beurre
150 ml (2/3 tasse) de fond blanc
150 ml (2/3 tasse) de lait
sel et poivre
30 ml (2 c. à table) de farine
60 à 75 ml (4 à 5 c. à table) de lait ou de crème à 15 %

GARNITURE :

paprika, persil haché

---

1 Couper les tripes en fines lanières.

2 Mettre les tripes dans l'autocuiseur et les recouvrir d'eau. Porter à ébullition puis laisser égoutter en jetant l'eau.

3 Peler et trancher les oignons.

4 Chauffer le beurre dans l'autocuiseur à découvert et y remuer les oignons pendant 1 ou 2 minutes.

5 Ajouter le bouillon, le lait, les tripes et assaisonner.

6   Fermer le couvercle, amener l'autocuiseur à pression élevée (15 lb) et laisser cuire pendant 10 minutes si les tripes sont épaisses.

7   Laisser retomber la pression, délayer la farine dans le reste de lait ou de crème. Incorporer ce mélange dans le liquide et remuer à feu doux jusqu'à épaississement de la sauce.

8   Servir les tripes saupoudrées de paprika et garnies de persil.

VARIANTES

Toujours préparer les tripes comme aux étapes 1 et 2 et observer les temps de cuisson indiqués à l'étape 6.

Ragoût de tripes : Suivre la recette de *Ragoût de gibier* proposée à la page 132.

Paupiettes de tripes : Suivre la recette des *Paupiettes de bœuf* donnée à la page 129. Ce plat est délicieux.

Tripes à la niçoise : Dans la recette de base, remplacer le fond blanc et le lait par du jus de tomate.

Pour les gourmets : **Tripes au gratin** : En remuant, incorporer 250 à 500 ml (1 à 2 tasses) de fromage râpé dans la sauce épaissie, à l'étape 7. Verser dans un plat allant au four. Garnir de fromage râpé, de chapelure et d'un peu de beurre. Faire gratiner sous le gril très chaud.

BRAISAGE

Le braisage est différent de la cuisson à l'étouffée, même si souvent, on a tendance à confondre ces deux modes de cuisson. Lorsqu'un aliment est braisé, il est d'abord saisi dans un corps gras très chaud pour être retiré ensuite de la casserole.

On dépose ensuite au fond du récipient une couche de légumes coupés en dés (mirepoix) et une petite quantité de liquide. On ajoute au moins 250 ml (1 tasse) de liquide, en tout cas assez pour immerger les légumes à moitié (opter pour la quantité la plus faible). La viande, le gibier, la volaille ou les légumes coupés en gros morceaux, comme des quartiers d'oignon ou des cœurs de céleri, sont ensuite disposés sur le mirepoix, de sorte que ces ingrédients, tout en bénéficiant de la saveur et de la vapeur provenant du mirepoix, ne baignent jamais dans le liquide. L'autocuiseur est idéal pour le braisage, et vous serez enchanté du goût des plats obtenus, notamment de la riche saveur et la tendreté obtenues, et ce, même avec les coupes de viande les plus ordinaires.

Des recettes de braisés sont données aux pages 142 à 148.

Grille: Normalement, on n'utilise pas la grille dans la préparation des braisés, car c'est le mirepoix qui sert à maintenir la viande ou les autres ingrédients au-dessus du liquide. Si la couche de légumes est trop mince, on peut déposer la grille sur ces derniers afin d'accueillir la viande ou les autres ingrédients, qui ainsi ne nageront pas dans le liquide.

Liquide de cuisson: Voir les commentaires plus haut. Le liquide de cuisson utilisé peut être de l'eau, du vin ou du cidre.

Pression: Pour le braisage, amener l'autocuiseur à pression élevée (15 lb), réduire le feu et laisser cuire pendant la période indiquée.

Réduction de la pression: Laisser retomber la pression sous l'eau froide courante.

LÉGUMES BRAISÉS

De gros oignons entiers, des cœurs de céleri et des poireaux peuvent être braisés de la même façon que les viandes utilisées dans les recettes qui suivent. Les temps de cuisson sont indiqués aux pages 191 à 198. Cependant, il est d'abord nécessaire de saisir les légumes dans un corps gras très chaud dans l'autocuiseur à découvert, et de préparer le mirepoix de la façon indiquée plus bas.

CŒUR BRAISÉ

Donne 4 à 6 portions
Temps de cuisson sous pression : 15 à 20 min*

---

450 à 750 g (1 à 1 1/2 lb) de cœur de bœuf ou de cœurs d'agneau
sel et poivre

POUR LE MIREPOIX :

2 ou 3 oignons
2 ou 3 carottes
1 petit navet
60 ml (4 c. à table) de gras ou de graisse de rôti
bouquet garni (voir page 25)
ou 1/4 c. à thé d'un assortiment de fines herbes séchées
250 ml (1 tasse) de fond brun,
ou d'eau avec 1/2 cube de bouillon (voir page 40)

---

1   Découper le cœur en tranches épaisses d'environ 1 cm (1/2 po). Assaisonner légèrement. Peler les légumes et les découper en tranches ou en cubes.

---

* *Remarque* : Dans certains cas, la cuisson du cœur de bœuf peut prendre 20 minutes.

2 Chauffer le gras ou la graisse de rôti dans l'autocuiseur.

3 Faire dorer les tranches de cœur dans le corps gras. Éviter de trop cuire. Retirer de l'autocuiseur. Jeter tout le gras sauf 15 ml (1 c. à table).

4 Ajouter tous les autres ingrédients, assaisonner légèrement, puis mettre les tranches de cœur sur les légumes nageant dans le liquide.

5 Fermer le couvercle et amener l'autocuiseur à pression élevée (15 lb).

6 Cuire pendant 15 minutes puis laisser retomber la pression sous l'eau froide courante.

7 Récupérer les tranches de cœur hors de l'autocuiseur, les déposer dans un plat très chaud, et retirer le bouquet garni.

8 Passer le mélange de légumes au chinois ou le réduire au mélangeur et servir en guise de sauce sur la viande, ou bien servir les légumes et le liquide en accompagnement de la viande.

VARIANTES

Si désiré, faire épaissir la petite quantité de liquide obtenue du mirepoix à l'aide de 10 ml (2 c. à thé) de farine. Procéder à cette opération une fois la viande et les légumes retirés de l'autocuiseur (voir étape 8 ci-dessus). Faire revenir 1 ou 2 tranches de bacon canadien entrelardé avec les tranches de cœur.

Pour les gourmets: **Faux canard braisé**: Ajouter au mirepoix le jus et le zeste râpé d'une orange et 30 ml (2 c. à table) de vin rouge. Servir le plat accompagné d'une *Farce à la sauge et à l'oignon* (voir page 173) cuite dans l'autocuiseur couvert.

FOIE BRAISÉ

Donne 4 portions
Temps de cuisson sous pression : 15 min

---

340 g (3/4 lb) de foie de bœuf
sel et poivre

POUR LE MIREPOIX :

3 oignons
2 tomates
2 tranches de bacon canadien entrelardé
30 ml (2 c. à table) de graisse de rôti ou de gras
250 ml (1 tasse) de fond de bœuf, ou d'eau avec 1/2 cube de bouillon
2 ml (1/2 c. à thé) de sauge hachée ou 1 pincée de sauge séchée

GARNITURE :

persil haché

---

1   Découper le foie en tranches épaisses de 1 cm (1/2 po). Assaisonner légèrement.

2   Couper les oignons et les tomates en tranches épaisses et le bacon en dés.

3   Chauffer le gras ou la graisse de rôti dans l'autocuiseur. Y mettre le bacon coupé en dés.

4   Faire revenir le foie et les oignons jusqu'à ce qu'ils soient dorés. Retirer de l'autocuiseur et jeter tout le gras sauf 15 ml (1 c. à table).

5   Ajouter au bacon demeuré au fond de l'autocuiseur les ingrédients du mirepoix, y compris le bouillon et la sauge. Assaisonner légèrement et déposer le foie sur les légumes.

6 Fermer le couvercle, amener l'autocuiseur à pression élevée puis suivre les étapes 6 à 8 de la recette de *Cœur braisé*. Garnir de persil.

VARIANTES

Rognons de bœuf braisés : Trancher les rognons en fines tranches et cuire comme le foie. On peut ajouter au bouillon 15 ml (1 c. à table) de ketchup ou de sauce Worcestershire, ou encore de l'eau avec un cube de bouillon.

Pour les gourmets : **Foie braisé à la niçoise :** Prendre des tranches de foie de veau ou d'agneau et porter le nombre de tomates à 4 ou 6. Débiter le foie en tranches épaisses, mais émincer les oignons finement. Cuire pendant 3 minutes seulement à pression élevée (15 lb). On pourrait remplacer une partie du bouillon (ou de l'eau avec le cube de bouillon) par un peu de vin rouge.

Foie braisé à la lyonnaise : Omettre les tomates. Les remplacer par 4 pommes de terre débitées en tranches épaisses et 4 oignons, et un mélange composé à parts égales de vin blanc et de bouillon.

PIGEONS BRAISÉS

Le braisage est la façon idéale d'apprêter le pigeon ou en réalité n'importe quel type de gibier. Le temps de cuisson doit être établi en fonction de l'âge de la volaille.

Donne 4 portions
Temps de cuisson sous pression : 15 à 20 min

---

4 petits pigeons
sel et poivre

POUR LE MIREPOIX:

1 tranche épaisse de bacon canadien
3 oignons
2 à 3 branches de céleri
3 à 4 tomates
30 à 45 ml (2 à 3 c. à table) de graisse de rôti ou de gras (facultatif)
250 ml (1 tasse) de fond brun ou d'eau
bouquet garni (voir page 25) ou pincée de fines herbes séchées
petit quartier de chou (facultatif)
150 ml (2/3 tasse) de vin rouge
15 ml (1 c. à table) de farine

GARNITURE:

4 grandes tranches de pain grillées

---

1 Laver et sécher les pigeons puis les assaisonner.

2 Couper le bacon en dés en conservant la couenne. Trancher les légumes.

3 Chauffer le bacon et sa couenne dans l'autocuiseur et y faire dorer les pigeons avec les oignons. Si le bacon ne dégage pas suffisamment de gras, ajouter de 30 à 45 ml (2 à 3 c. à table) de graisse de rôti ou d'huile.

4 Retirer les pigeons de l'autocuiseur, ajouter le reste des légumes, le bouillon ou l'eau et les fines herbes. Assaisonner légèrement.

5 Remettre en place les pigeons, fermer le couvercle, amener l'autocuiseur à pression élevée (15 lb), et laisser cuire pendant 15 à 20 minutes selon l'âge des volailles.

6 Laisser retomber la pression sous l'eau froide courante. Retirer les pigeons et les déposer dans une assiette bien chaude.

7 Couper le chou en lanières, puis ajouter les légumes dans l'auto-cuiseur toujours dépressurisé et laisser cuire pendant 1 minute.

8 Mélanger la farine et le vin, incorporer dans le mélange de légumes et remuer la préparation à feu doux jusqu'à épaississement.

9 Découper les tranches de pain grillées en triangles, disposer sur le bord de l'assiette, et napper ou entourer les pigeons de sauce au vin.

VARIANTES

Le mélange de légumes peut être passé au chinois ou réduit en purée au mélangeur, relevé d'un peu de vin blanc puis servi en sauce, non épaissie à la farine.

Faisans braisés: Suivre les instructions pour la préparation des pigeons. Si l'on cuisine un jeune faisan, le garder entier et prévoir environ 10 minutes de cuisson à l'autocuiseur. Un faisan bien dodu donnera 3 à 4 portions. Un faisan plus âgé gagne à être débité en morceaux et peut exiger une cuisson de 15 à 20 minutes.

Pour les gourmets: Le braisage est une méthode d'apprêt des aliments appréciée des gourmets. Elle convient donc idéalement pour les plats spéciaux. Le braisé peut se préparer à l'avance. Peu de temps avant de servir, on peut réchauffer le mets dans l'autocuiseur qu'on utilise alors comme une marmite ordinaire. La garniture peut être variée de manière à ajouter de l'intérêt. On peut par exemple garnir le braisé de griottes accompagnées d'un peu de sirop versé dans le mirepoix, ou le garnir de quelques saucisses de Francfort.

VARIANTES SUR LES PIGEONS BRAISÉS

Bœuf braisé: Compter une tranche épaisse de gîte à la noix par personne. À l'étape 5, cuire pendant 15 minutes à pression élevée (15 lb). Ou bien, prendre un morceau de gîte à la noix ou de pointe de poitrine et le cuire 12 à 15 minutes par quantité de 450 g (1 lb).

Rognons d'agneau braisés: Compter 4 rognons d'agneau par personne. À l'étape 5, calculer 5 minutes de cuisson à pression élevée (15 lb).

Ris de veau braisés: Blanchir d'abord les ris de veau dans l'auto-cuiseur à découvert en les plongeant dans suffisamment d'eau froide pour les recouvrir. Porter l'eau lentement à ébullition, puis égoutter les ris de veau dans une passoire et bien les sécher. Retirer toute trace de tissu nerveux à l'aide de ciseaux de cuisine et jeter l'eau. À l'étape 5, cuire les ris de veau pendant 6 minutes à pression élevée (15 lb).

Queue de bœuf braisée: Couper la queue de bœuf. À l'étape 5, laisser cuire 25 à 40 minutes (voir page 135) à pression élevée (15 lb).

Poulet braisé: Remplacer le pigeon par un poulet en morceaux. À l'étape 5, si le poulet est jeune, compter 5 minutes de cuisson; s'il s'agit d'un poulet à bouillir, compter de 8 à 10 minutes de cuisson à pression élevée (15 lb).

CUISSON À L'EAU DES VIANDES ET VOLAILLES

La cuisson à l'eau bouillante convient à beaucoup de viandes: bœuf, jambon, bacon canadien, langue, etc., ainsi qu'au poulet. Les différents modes d'apprêt sont décrits dans les recettes suivantes.

Viande fraîche: Compter environ 170 g (6 oz) de viande par personne (poids sans l'os) avant cuisson. Il n'est pas nécessaire de tremper la viande avant la cuisson. Saler et poivrer comme à l'habitude.

Viandes salées: Les salaisons se contractent davantage pendant la cuisson. Il faut donc compter 225 g (8 oz) de viande par personne (poids sans les os) avant la cuisson. Les viandes salées devraient être mises à tremper dans l'eau froide pendant quelques heures, de préférence pendant toute la nuit. On peut aussi mettre la viande dans l'autocuiseur et la recouvrir d'eau. Porter l'eau lentement à ébullition, puis laisser tremper la viande pendant 5 minutes pour jeter à la fin l'eau de trempage. Cette façon de procéder permet de gagner du temps et convient très bien aux viandes *légèrement* salées. Lorsqu'on cuisine des viandes déjà salées, ne pas ajouter de sel. On se contente de poivrer. Souvent, on ajoute des légumes et des fines herbes.

Temps de cuisson: Les temps de cuisson indiqués dans les recettes correspondent à des quantités de 450 g (1 lb). Si l'on apprête un morceau ne pesant que 450 g (1 lb) environ, prolonger la cuisson de 5 minutes. Le temps de cuisson est fonction de l'épaisseur du morceau. Un morceau long et fin est plus rapidement cuit qu'un morceau court et épais.

Grille: Ne pas utiliser la grille car la viande doit baigner dans le liquide.

Liquide de cuisson: S'assurer que suffisamment d'eau ou de liquide recouvre la viande dans l'autocuiseur, mais ne le remplir qu'à moitié, en comptant tout le volume occupé par la viande et le liquide. Pour la cuisson du bacon canadien, on peut faire des expériences intéressantes avec le cidre. Voir la recette correspondante.

Pression: Amener rapidement l'autocuiseur à pression élevée (15 lb). Réduire le feu et chronométrer le temps de cuisson. Il se peut qu'on doive faire retomber la pression pour ajouter des légumes. La méthode pour ce faire est indiquée dans la recette. On rétablit ensuite la pression à 15 lb et on poursuit la cuisson.

Réduction de la pression: Si la viande est servie chaude, laisser retomber la pression sous l'eau froide courante. Cependant, servie froide, il faut laisser refroidir l'appareil à température ambiante et la laisser dans le liquide. Dans ce cas, réduire le temps de cuisson total de 2 à 3 minutes.

Remarque: On obtient un bouillon d'une plus jolie couleur si on écume le liquide porté à ébullition avant de fermer le couvercle. Cette manœuvre est particulièrement efficace lorsque la viande contient une proportion élevée de matières grasses.

BACON CANADIEN ET JAMBON BOUILLIS

De nombreux morceaux se prêtent à la cuisson par ébullition. Les coupes bon marché, comme le collier, le jarret avant et le jarret deviennent très tendres dans l'autocuiseur. Pour certaines occasions, prendre du jambon, fumé ou non, ou du bacon canadien en longues tranches.

Il existe maintenant différentes façon d'apprêter le bacon canadien. S'il est salé, suivre les conseils donnés plus haut sous **Viandes salées**.

Compter 7 ou 8 minutes de cuisson à pression élevée (15 lb) par quantité de 450 g (1 lb) pour les morceaux de choix, et 12 minutes de cuisson par quantité de 450 g (1 lb) pour les coupes bon marché. Le cidre, le soda au gingembre et le jus d'ananas confèrent tous une saveur agréable au bacon. Couper ces boissons avec de l'eau si désiré, ou les utiliser pour remplacer l'eau.

Les étapes pour cuire la viande sont semblables à celles du bœuf salé décrite plus loin. Si le bacon est très gras, il est préférable de le placer sur la grille afin que la graisse puisse tomber dans le liquide de cuisson.

VARIANTES

Bacon canadien glacé: Soustraire environ 5 minutes au temps de cuisson total sous pression. Débarrasser le bacon de sa couenne, entailler le gras et le frotter d'un mélange composé de cassonade, de moutarde et de jus de fruits. Faire dorer le bacon au centre d'un four chauffé à 190-200 °C (375-400 °F) pendant 20 minutes ou jusqu'à ce qu'il soit tendre. Ce bacon peut être servi chaud ou froid.

BŒUF SALÉ BOUILLI

Nombre de portions: voir page 149
Temps de cuisson sous pression:
12 à 15 min par quantité de 450 g (1 lb)

1 à 1 1/2 kg (2 à 3 lb) de pointe de poitrine salée
ou d'extérieur de ronde de bœuf

carottes, oignons, navets, etc.

poivre

GARNITURE :

persil haché

1 Préparer la viande salée comme indiqué à la page 149.

2 Peler les légumes et couper les plus gros en dés.

3 Mettre la viande dans l'autocuiseur, le remplir d'eau à moitié, ajouter du poivre ainsi qu'un oignon et une carotte pour aromatiser la viande et le bouillon durant la cuisson.

4 Fermer le couvercle et amener l'autocuiseur à pression élevée (15 lb). Réduire le feu et chronométrer le temps de cuisson. S'il s'agit d'extérieur de ronde de très bonne qualité, réduire quelque peu le temps de cuisson. Si on sert le repas chaud, soustraire 5 minutes au temps de cuisson total.

5 Laisser retomber la pression sous l'eau froide courante pendant 5 minutes avant la fin du temps de cuisson. Ajouter les légumes puis rétablir la pression élevée (15 lb).

6 Poursuivre la cuisson pendant encore 5 minutes puis laisser retomber la pression sous l'eau froide courante.

7 Servir la viande garnie de légumes entiers et de persil haché, accompagnée de bouillon non épaissi en guise de sauce.

VARIANTES

Si on prévoit servir le morceau viande froid, faire retomber la pression, mais laisser la viande dans l'autocuiseur et l'y laisser refroidir dans son bouillon. La retirer ensuite, l'envelopper et la mettre au réfrigérateur. La viande froide sera alors plus succulente.

Bœuf salé bouilli et dumplings : Préparer les dumplings comme à la page 171. Les plonger dans le liquide à l'étape 6 (voir page 172) et les servir accompagnés de légumes. Un dumpling à la moutarde est excellent avec du bœuf salé bouilli.

Pour les gourmets : **Bœuf salé glacé** : Voici un excellent plat à servir lors d'un buffet. Omettre la plupart des légumes, mais en garder une quantité suffisante pour aromatiser le bouillon. Ajouter un bouquet garni. Cuire jusqu'à l'étape 4, en maintenant la durée de cuisson. Retirer la viande du bouillon, laisser réduire le liquide et poursuivre comme dans la recette de *Langue glacée*.

PRÉPARATION DE LA LANGUE DE BŒUF

Nombre de portions : voir page 149
Temps de cuisson sous pression :
15 min par quantité de 450 g (1 lb)

---

1 langue de bœuf
carottes, oignons, navets, etc.
poivre et sel (au besoin)
bouquet garni (voir page 25) (au besoin)
2 sachets de gélatine (si on sert la viande froide)

---

1 Si la langue est salée, la préparer selon la recette donnée à la page 149 sous *Viandes salées*. Si on prévoit servir la langue froide, ne prendre qu'un oignon, une carotte et un petit bouquet garni pour sa préparation.

2 Suivre les étapes 3 et 4 de *Bœuf salé*.

3 Laisser retomber la pression. Si on sert le plat froid, faire refroidir la langue légèrement, puis la retirer de l'autocuiseur, la débarrasser de la peau.

4 Si la viande est servie chaude : utiliser le bouillon pour préparer une sauce.

Si servie froide : préparer une gelée en faisant bouillir le bouillon dans l'autocuiseur découvert et laisser réduire à 250 ml (1 tasse). Dissoudre la gélatine dans ce liquide.

Rouler la langue pour qu'elle s'adapte bien à l'autocuiseur, à un moule ou à une casserole ronde. Verser le bouillon gélatineux sur la langue en le passant à travers un tamis.

Déposer une assiette et un petit poids sur la langue. Laisser en place jusqu'à ce que la gélatine ait pris et débarrasser le plat de tout gras qui serait remonté en surface.

VARIANTES

Langues d'agneau : Les langues d'agneau sont idéales pour nourrir un petit nombre de convives. Cuire les langues comme dans la recette précédente. Il faut prévoir 15 à 20 minutes de cuisson à pression élevée (15 lb).

Pour les gourmets : **Langue à la sauce madère** : Préparer la sauce comme à la page 178, ou préparer une sauce plus douce de la façon suivante. Donne de 6 à 8 portions. Délayer 15 ml (1 c. à table) rase de fécule d'arrow-root ou de maïs dans 250 ml (1 tasse) de bouillon prélevé dans l'autocuiseur et filtré, et 250 ml (1 tasse) de madère. Verser dans une casserole avec 30 ml (2 c. à table) de gelée de groseilles rouges ou de canneberges. Cuire à feu doux en remuant jusqu'à ce que le liquide soit épais et clair.

Langue en mayonnaise aux noix de Grenoble: Une délicieuse sauce d'accompagnement de la langue servie froide s'obtient en ajoutant à la mayonnaise des noix de Grenoble hachées finement.

POULET BOUILLI

Le poulet bouilli sert de base à bon nombre de plats. Si on prévoit utiliser le poulet pour la confection de sandwiches, voici une excellente façon de procéder.

Donne 3 à 4 portions
Temps de cuisson sous pression:
5 à 10 min par quantité de 450 g (1 lb), voir étape 4

---

volaille ou poulet à bouillir d'environ 1 1/2 kg (3 lb)
sel et poivre
30 ml (2 c. à table) de beurre (facultatif)
*250 à 500 ml (1/2 à 1 tasse) d'eau**
2 ou 3 branches de céleri
2 petits oignons
bouquet garni (voir page 25) ou pincée d'un assortiment
de fines herbes séchées

---

1 Laver et sécher la volaille. L'assaisonner légèrement. S'il s'agit d'un jeune poulet, étendre le beurre sur sa poitrine.

2 Mettre tous les ingrédients dans l'autocuiseur, sans utiliser la grille.

3 Fermer le couvercle et amener l'autocuiseur à pression élevée (15 lb).

---

* Si le bouillon de poulet doit être utilisé pour des sauces (voir plus loin), prendre une quantité d'eau plus importante.

4 Réduire le feu et chronométrer le temps de cuisson : il faut compter 5 minutes seulement par quantité de 450 g (1 lb) pour un jeune poulet, mais 10 minutes sont nécessaires pour la même quantité s'il s'agit d'une volaille plus âgée.

5 Laisser retomber la pression sous l'eau froide courante.

VARIANTES

Suprême de poulet : Tamiser 250 ml (1 tasse) de bouillon de poulet. Chauffer 45 ml (3 c. à table) de beurre dans une casserole et y délayer 45 ml (3 c. à table) de farine. En remuant, incorporer 150 ml (2/3 tasse) de lait et le bouillon. Porter à ébullition et remuer jusqu'à épaississement. Battre ensemble 2 jaunes d'œufs avec 30 à 45 ml (2 à 3 c. à table) de crème à 35 %. En fouettant, incorporer ce mélange dans la sauce très chaude, mais non bouillante. Cuire à feu doux pendant 2 à 3 minutes. Découper la chair de la poitrine en morceaux et napper de sauce. Servir accompagné de riz (voir page 205). Garnir d'œufs durs et de persil.

Velouté de poulet : Suivre la recette de *Suprême de poulet* en utilisant la totalité du bouillon de poulet et en omettant le lait. Ajouter aux jaunes d'œufs et à la crème 30 ml (2 c. à table) de xérès sec. Cuire de la même façon que dans la recette précédente.

CHAUD-FROID DE POULET

Préparer le poulet comme dans la recette précédente.

Mesurer 250 ml (1 tasse) de bouillon de poulet et filtrer soigneusement.

Dissoudre la moitié d'un sachet de gelée à aspic et 5 ml (1 c. à thé) de gélatine dans le bouillon. Laisser refroidir. Mélanger 45 ml

(3 c. à table) de mayonnaise et 150 ml (2/3 tasse) de crème à 35 %. Partager le poulet en bouchées, en en retirant soigneusement les os, mais en gardant sa forme intacte.

Enrober le poulet de la préparation d'aspic à moitié prise. Garnir de petits morceaux de cornichon, de concombre, de tomate et laisser prendre.

AGNEAU BOUILLI SAUCE AUX CÂPRES

Même si on peut prendre ici un morceau d'agneau ou de mouton bon marché, comme pour le *Ragoût irlandais* et les autres recettes proposées aux pages 125 et 126, on a intérêt à préparer ce plat spécial à partir d'un demi-gigot d'agneau.

Donne 6 portions
Temps de cuisson sous pression :
10 à 11 min par quantité de 450 g (1 lb)

1/2 gigot d'agneau de bonne taille
carottes, oignons, navets, etc.
sel et poivre

POUR LA SAUCE :
45 ml (3 c. à table) de beurre ou de margarine
45 ml (3 c. à table) de farine
250 ml (1 tasse) de bouillon d'agneau
150 ml (2/3 tasse) de lait
5 à 15 ml (2 à 3 c. à thé) de câpres
un peu de vinaigre

GARNITURE :
persil haché

---

1   Déposer l'agneau dans l'autocuiseur.

2   Parer les légumes, puis suivre les instructions pour le *Bœuf salé* données à la page 151.

3   Récupérer 250 ml (1 tasse) de bouillon filtré. Chauffer le beurre ou la margarine dans une casserole. Y délayer la farine et incorporer ce mélange dans le bouillon et le lait.

4   Porter à ébullition, cuire jusqu'à épaississement, puis ajouter les câpres et un peu du vinaigre de conservation prélevé dans le flacon de câpres. Bien assaisonner.

5   Découper l'agneau en morceaux et le napper de sauce. Garnir de persil.

PLATS FROIDS

Les viandes rôties, dont les recettes sont proposées aux pages 162 à 165, sont souvent servies froides. Cependant, les recettes suivantes sont destinées à des pâtés et mousse servis froids

FROMAGE DE PORC

Donne 6 à 8 portions
Temps de cuisson sous pression : 30 à 35 min

---

une demi-tête d'agneau, de porc ou de veau
1 litre (4 tasses) d'eau
2 carottes
2 oignons
sel et poivre

bouquet garni (voir page 25)
zeste de citron
gélatine (voir étape 5)

1   Laisser tremper la tête dans l'eau froide, puis la mettre dans l'autocuiseur, la recouvrir d'eau, porter lentement et progressivement à ébullition et jeter l'eau. Cette façon de faire permet d'obtenir une gelée transparente.

2   Replacer la tête dans l'autocuiseur avec 1 litre (4 tasses) d'eau, les légumes entiers pelés et les autres ingrédients, à l'exception de la gélatine.

3   Fermer le couvercle, amener l'autocuiseur à pression élevée (15 lb) et réduire le feu. Cuire pendant 30 minutes (pour la tête d'agneau, plus petite) et 35 minutes pour les têtes plus grosses.

4   Faire retomber la pression, retirer la tête du bouillon et laisser refroidir. Prélever toute la viande des os et remettre ces derniers dans le bouillon. Laisser bouillir dans l'autocuiseur à découvert jusqu'à ce que le liquide ait réduit à 250 ml (1 tasse). Filtrer le bouillon et remettre dans l'autocuiseur.

5   S'il s'agit d'une tête de veau, on obtiendra suffisamment de gélatine naturelle. Toutefois, si on utilise une tête de porc ou d'agneau, dissoudre 5 ml (1 c. à thé) de gélatine dans le bouillon afin d'assurer une bonne prise.

6   Couper la viande en dés, remettre dans le bouillon et bien réchauffer. Verser dans un bol ou un moule graissé et laisser prendre.

VARIANTES

Fromage de poulet au citron: Cuire un petit poulet avec le jus d'un citron et les ingrédients de la recette précédente pendant 10 minutes à pression élevée (15 lb). Couper la viande en dés et poursuivre comme dans la recette précédente.

GALANTINE DE BŒUF

Donne 6 à 8 portions
Temps de cuisson sous pression: 35 min

---

60 ml (4 c. à table) de chapelure
60 ml (4 c. à table) de fond de bœuf
450 g (1 lb) de bœuf à ragoût de bonne qualité
ou de gîte à la noix de bœuf
100 à 170 g (4 à 6 oz) de bacon canadien
225 g (8 oz) de chair à saucisse
2 œufs
sel et poivre
2 ml (1/2 c. à thé) de sauge fraîche ou 1 bonne pincée de sauge séchée

---

1 Mettre la chapelure dans un grand bol, verser le bouillon et laisser absorber pendant 15 minutes.

2 Passer le bœuf et le bacon dans le hachoir à viande, ajouter la chapelure et les autres ingrédients.

3 Tasser la préparation dans un plat ou moule bien graissé d'une capacité de 1 kg (2 lb) et recouvrir d'une double couche de papier parchemin graissé.

4 Mettre la grille en place dans l'autocuiseur, y verser 425 ml (1 3/4 tasse) d'eau, ajouter un peu de vinaigre, comme suggéré pour les poudings cuits à la vapeur de la page 217.

5 Amener l'autocuiseur à pression élevée (15 lb) et laisser cuire pendant 35 minutes. Faire ensuite retomber la pression.

[Sauf si la viande est placée dans un plat allant au four, il est conseillé de laisser retomber la pression progressivement, auquel cas il faut compter 32 minutes de cuisson à pression élevée (15 lb).]

6 Retirer les papiers, mettre du papier sec et un léger poids sur la préparation. Laisser refroidir.

VARIANTES

Galantine de poulet: Dans la recette précédente, remplacer le bœuf par du poulet cru haché.

Pour les gourmets: **Terrine de poulet ou de gibier**: Prélever la viande d'un poulet ou d'un gibier ailé pesant de 1 à 1 1/2 kg (2 à 3 lb). Hacher la viande des cuisses et du dos avec 170 g (6 oz) de bacon canadien et le foie de la volaille. Mélanger la préparation à 225 g (8 oz) de chair à saucisse, 1 œuf, 60 ml (4 c. à table) de bouillon, de xérès ou de brandy. Assaisonner et aromatiser avec 2 ml (1/2 c. à thé) de thym citronnelle haché. Trancher la viande de la poitrine en morceaux de taille uniforme. Alterner des couches de la préparation hachée et de poitrine tranchée dans le contenant, en commençant et en terminant par la préparation. Couvrir et cuire comme dans la recette précédente.

RÔTISSAGE DE LA VIANDE, DE LA VOLAILLE ET DU GIBIER

Bien des gens croient que le rôtissage véritable ne peut s'opérer qu'à feu vif, à la broche. Nous couplons maintenant le rôtissage à la cuisson au four. Cependant, on néglige souvent les avantages du braisage, qui peut s'effectuer aussi rapidement que sûrement dans l'autocuiseur.

Le braisage présente des avantages sur les autres méthodes de rôtissage :

a) D'abord on fait dorer les aliments, ce qui leur confère un aspect attrayant. On ajoute ensuite une petite quantité de liquide, et la vapeur qui s'en échappe aide à attendrir la viande, la volaille ou le gibier tout en le maintenant humide.

b) Cuire des légumes avec la viande est très simple. On peut donc préparer un repas complet dans un seul et même contenant. Les légumes acquièrent une saveur agréable et aromatisent en retour le liquide recueilli au fond de l'autocuiseur.

c) Il est vrai que le braisage convient aux viandes de choix ou aux volailles et gibiers très tendres, mais il offre aussi l'avantage appréciable que les coupes moins tendres, susceptibles de donner des résultats décevants lorsque rôties au four, deviennent excellentes préparées dans l'autocuiseur.

UN RÔTI PARFAIT

Choix de la viande : Choisir une coupe de viande ou une volaille dont le poids ne dépasse pas 1 1/2 kg (3 lb). Toujours peser la viande ou la volaille après l'ajout de la farce, de manière à tenir compte du poids total. Suivre les temps de cuisson indiqués aux pages 165-166.

Dorer la viande: Éponger la viande pour absorber l'humidité qui se trouverait à sa surface et pour ainsi réduire les éclaboussures au fond de l'autocuiseur. Pour obtenir une belle dorure, saupoudrer légèrement de farine assaisonnée. Ajouter tous les autres condiments, comme on le suggère à la page 167. Retirer la grille. Chauffer 30 à 60 ml (2 à 4 c. à table) de gras ou de graisse de rôti bien clarifiée (voir page 167) directement dans l'autocuiseur.

La quantité de gras de cuisson dépend de la quantité de gras présent naturellement dans le morceau de viande.

Faire dorer le morceau de toute part, en le retournant à l'aide de grandes cuillères.

Une fois le morceau bien doré, le retirer de l'autocuiseur. Si la quantité de gras accumulée au fond de l'autocuiseur est considérable, retirer l'appareil du feu et prélever à la cuillère le gras excédentaire. Le conserver pour un usage ultérieur.

Liquide de cuisson: Verser dans l'autocuiseur 500 ml (2 tasses) d'eau bouillante, de bouillon ou d'un autre liquide, bien remuer afin de récupérer tous les résidus dorés adhérant au fond de la casserole.

Grille: On l'enlève pour le dorage de la viande, mais on la remet en place dans l'autocuiseur à ce stade. Poser la viande sur la grille.

Pression: Fermer le couvercle, amener l'autocuiseur à pression élevée (15 lb), réduire le feu et laisser cuire pendant le temps indiqué dans le tableau à la page 165.

Réduction de la pression: Cinq minutes avant la fin du temps total de cuisson, laisser retomber la pression sous l'eau froide courante. Disposer les légumes autour de la viande, rétablir la pression et terminer la cuisson.

Service: Retirer le morceau de viande et les légumes et les déposer dans un plat très chaud. Ôter la grille et préparer une sauce à partir du liquide accumulé dans l'autocuiseur.

PRÉPARATION DE LA SAUCE

Le liquide accumulé au fond de l'autocuiseur contient les sucs de la viande qui s'en sont échappés durant la cuisson. Il sert donc de base à une excellente sauce.

Préparation d'une sauce claire: Délayer 15 à 25 ml (1 à 1 1/2 c. à table) de farine dans 30 à 45 ml (2 à 3 c. à table) d'eau froide. Incorporer ce mélange dans le liquide chaud accumulé au fond de l'autocuiseur. Battre au fouet à feu moyen pendant que la sauce épaissit. Tamiser la sauce et la recueillir dans une saucière.

Préparation d'une sauce épaisse: Prendre deux fois plus de farine.

TEMPS DE CUISSON POUR LE RÔTISSAGE

TYPE DE VIANDE	TEMPS DE CUISSON	SERVIR ACCOMPAGNÉ DE :
Bacon canadien ou jambon :		
La plupart des morceaux	voir page 150	Voir page 174
Bœuf :		
Coupes de choix : faux filet ou entrecôte	9 à 10 minutes par quantité de 450 g (1 lb)	Sauce au raifort (page 184) ou à la moutarde
Coupes bon marché : gîte à la noix ou croupe	12 à 15 minutes par quantité de 450 g (1 lb)	
Agneau ou mouton :		
Coupes de choix : demi-gigot ou longe d'agneau ou côtes premières	10 à 11 minutes par quantité de 450 g (1 lb)	Sauce à la menthe (page 184) ou Sauce aux oignons (page 184) ou gelée de groseilles à maquereau
Coupes bon marché : poitrine (désossée et roulée), gigot de mouton, côtes découvertes	12 à 14 minutes par quantité de 450 g (1 lb)	
Porc :		
Doit être très maigre. Seules les coupes de choix sont à choisir : côtes de filet épaisses	13 à 15 minutes par quantité de 450 g (1 lb)	Farce à la sauge et à l'oignon (page 173), Compote de pommes (page 179)
Veau :		
Coupes de choix : côtes premières, filet épais	10 à 12 minutes par quantité de 450 g (1 lb)	Farce pour le veau (page 174), Sauce au pain (page 184)
Coupes bon marché : côtes secondes ou poitrine roulée	12 à 14 minutes par quantité de 450 g (1 lb)	

TYPE DE VIANDE	TEMPS DE CUISSON	SERVIR ACCOMPAGNÉ DE :
Volaille :		
Poulet	5 minutes par quantité de 450 g (1 lb)	Comme avec le veau
Canard	Idem	Comme avec le porc ou voir plus loin
Dinde	Idem	Comme avec le veau ou voir plus loin
Gibier jeune :		
tétras, faisan, pigeon	5 minutes par quantité de 450 g (1 lb)	Voir plus loin
Selle de levraut (jeune lièvre)	8 à 10 minutes par quantité de 450 g (1 lb)	Farce à la sauge et à l'oignon (page 173)
Venaison	12 à 14 minutes par quantité de 450 g (1 lb)	Farce à la sauge et à l'oignon (page 173)

L'ART D'AROMATISER LA VIANDE

Bacon canadien: Le bacon mariné sucré est bon rôti. Ajouter un peu de cassonade à la farine ou encore une bonne pincée de gingembre moulu ou de zeste de citron râpé finement.

Bœuf: Aromatiser la farine à la moutarde en poudre.

Agneau: Ajouter à la farine du romarin haché finement ou pratiquer de petites entailles dans la peau de l'agneau. Peler et découper une gousse d'ail en tranches et les introduire dans les entailles.

Porc: Mêmes conseils que pour le bacon.

Veau: Couper de très fines lanières de lard (« bardes »), et les introduire dans la chair maigre à l'aide d'une aiguille à barder.

Poulet ou dinde: Si la volaille n'est pas farcie, il faut aromatiser la farine de romarin haché ou de zeste de citron râpé (ajouter un peu de jus de citron au bouillon ou à l'eau).

Canard: Si la volaille n'est pas farcie, mettre à l'intérieur des pommes tranchées ou trempées mais non cuites, des pruneaux, ou ajouter un peu de vin rouge au bouillon ou à l'eau.

Gibier: Le gibier ailé est excellent farci d'un peu de fromage à la crème et de raisins épépinés et pelés. Avec le gibier, on peut ajouter de la bière au bouillon de cuisson.

La graisse de rôti ajoute de la saveur à toutes les viandes. Clarifier la graisse en la chauffant à feu doux avec de l'eau. Laisser refroidir, recueillir la graisse de rôti clarifiée flottant à la surface de l'eau, en retirer toutes les particules d'aliments qui se seraient accumulées à la base.

PÂTÉ AU BŒUF ET AUX ROGNONS

Il existe deux modes de préparation de ce pâté. Les temps de cuisson à l'autocuiseur varient et sont indiqués à l'étape 7. On peut aussi congeler le pâté de différentes façons.

On peut :

a) soumettre la viande à une cuisson préalable, de la façon indiquée à la page 121 (pour la *Tourte au bœuf et aux rognons*), mais ne compter que 10 minutes de cuisson à pression élevée (15 lb) et éviter de trop épaissir la sauce. Cuire comme à l'étape 7 a).

Pour congeler : préparer le pâté, mais sans le cuire. Laisser décongeler pendant quelques heures, puis cuire comme à l'étape 7 a).

b) Prendre de la viande crue et la cuire comme à l'étape 7 b). Si vous prévoyez congeler le pâté, raccourcir le temps de cuisson de 10 minutes, à faible pression (5 lb). Pour réchauffer, faire décongeler puis compter 30 minutes de cuisson à faible pression (5 lb).

c) Pour la congélation : préparer le pâté à partir de viande crue, puis le congeler. Le faire décongeler et cuire comme à l'étape 7 b).

Donne 6 à 8 portions
Temps de cuisson à la vapeur : 15 min
Temps de cuisson sous pression :
a) 25 min   b) 55 min

POUR LA PÂTE :

325 à 550 ml (1 1/2 à 2 1/4 tasse)* de farine auto-levante
(ou de farine ordinaire additionnée de 5 à 10 ml
(1 1/2 à 2 c. à thé) de poudre à lever)
pincée de sel

90 à 120 ml (6 à 8 c. à table)* de graisse végétale ou de suif
eau pour mélanger

POUR LA GARNITURE :

450 g (1 lb) de bœuf à ragoût
100 à 170 g (4 à 6 oz) de rognons de bœuf
ou 2 à 3 rognons d'agneau
sel et poivre
15 ml (1 c. à table) de farine
un peu de bouillon ou d'eau

---

1 Préparer la croûte à la graisse végétale comme pour les dumplings (voir page 172), mais en confectionnant une pâte tendre.

2 Étendre la pâte sur une planche farinée et en réserver environ les deux tiers pour foncer un moule graissé.

3 Répartir de la viande cuite à la cuillère sur la pâte à la graisse végétale.

Avec de la viande crue : découper le bœuf et les rognons en cubes, rouler dans la farine assaisonnée, mettre dans le moule foncé de pâte avec suffisamment de liquide pour remplir aux deux tiers.

4 Humecter les bords de la pâte. Avec le reste de la pâte, confectionner une abaisse ronde et la déposer sur la garniture, en scellant bien les bords par pression. Recouvrir de papier parchemin ou de papier d'aluminium graissé.

5 Mettre la grille en place dans l'autocuiseur et y verser 750 ml (3 tasses) d'eau bouillante pour le temps de cuisson le plus bref, et un peu plus de liquide pour le temps de cuisson le plus long. Ajouter un peu de vinaigre ou de jus de citron (voir page 217).

---

* Les différentes quantités de farine et de graisse végétale permettent d'obtenir une pâte plus ou moins épaisse. Pour une pâte plus mince, prendre de la farine ordinaire sans agent levant.

6 Avec de la ficelle et du papier d'aluminium, confectionner un dispositif permettant de retirer le moule hors de l'autocuiseur, comme on le suggère à la page 217 et placer le pâté dans l'autocuiseur.

7 Laisser étuver pendant 15 minutes, puis amener lentement et progressivement l'autocuiseur à faible pression (5 lb), réduire le feu et :

a) cuire pendant 25 minutes ;

b) cuire pendant 55 minutes.

8 Faire retomber la pression en laissant l'autocuiseur refroidir à température ambiante.

9 Servir le pâté accompagné d'une sauce épaisse ou de bouillon.

VARIANTES

Pâté de Cornouailles : Prendre du bœuf coupé en dés, mais remplacer les rognons par de l'oignon haché. Ajouter 2 pommes de terre coupées en dés, mais ne pas rouler la viande dans la farine.

Pâté au poulet du comté de Kent : Remplacer le bœuf et les rognons par du poulet cru et des légumes-racines coupés en dés. Aromatiser la farine assaisonnée avec un peu de ciboulette ou de persil haché, ou les deux. Confectionner un bouillon à partir des os.

Pâté au lapin : Remplacer le bœuf et les rognons par du lapin cru coupé en dés et du bacon canadien entrelardé bon marché coupé en dés. Aromatiser la farine de 5 ml (1 c. à thé) de sauge fraîche hachée ou d'une bonne pincée de sauge séchée. Confectionner un bouillon à partir des os.

Pâté aux légumes : Prendre un bon mélange de légumes-racines et d'oignons coupés en dés. Pour assurer l'apport en protéines, ajouter des pois ou des haricots. Le temps de cuisson peut être réduit à

25 minutes à faible pression (5 lb). Avant de servir, soulever le couvercle de pâte à la graisse végétale et parsemer une bonne quantité de fromage râpé sur les légumes.

DUMPLINGS POUR RAGOÛTS ET BOUILLIS

Il est préférable de cuire les dumplings sans pression, car ils cuisent en 7 à 12 minutes seulement (voir étape 6 plus loin).

Donne 4 à 8 portions
Temps de cuisson: 7 à 12 min (sans pression)

---

250 ml (1 tasse) de farine auto-levante (ou de farine ordinaire
avec 5 ml (1 c. à thé) de poudre à lever)
sel
30 à 60 ml (2 à 4 c. à table) de graisse végétale,
de margarine ou de gras
eau pour mélanger

---

1   Tamiser la farine ou le mélange de farine et de poudre à lever, avec le sel.

2   Incorporer la graisse végétale, la margarine ou le gras.

3   En mélangeant, ajouter suffisamment d'eau froide pour obtenir une pâte légèrement collante.

4   Avec des mains farinées, façonner de petites boules de la taille voulue.

5   Lorsque les aliments dans l'autocuiseur sont tendres et que la pression est retombée à zéro, ôter le couvercle. S'assurer que la quantité de liquide est suffisante (les dumplings en absorbent beaucoup), épaissir la sauce si désiré et porter à ébullition.

6 Plonger les dumplings dans le liquide. Mettre le couvercle de l'autocuiseur en place, mais sans le fermer hermétiquement ou bien, couvrir d'une assiette pour une cuisson ordinaire. Cuire à feu doux jusqu'à ce que le tout ait levé (le temps de cuisson dépend de la taille des dumplings).

VARIANTES

Dumplings aux fines herbes : Ajouter à la farine 30 ml (2 c. à table) de fines herbes hachées (persil, ciboulette, sauge, thym, etc.).

Dumplings au raifort : Ajouter à la farine 10 ml (2 c. à thé) de raifort râpé ou 15 à 30 ml (1 à 2 c. à table) de crème de raifort.

Dumplings à la moutarde : Tamiser 5 ml (1 c. à thé) de moutarde en poudre avec la farine.

Dumplings à l'oignon : Ajouter à la farine 5 à 10 ml (2 à 3 c. à thé) d'oignon râpé.

Remarque : Ajouter tous les condiments avant de mélanger la farine et l'eau.

Pour les gourmets : **Dumplings dorés** : Inclure 60 ml (4 c. à table) de beurre dans la farine au moment du pétrissage de la pâte. Lier avec 1 œuf et une faible quantité d'eau. Ces dumplings sont délicieux servis nageant dans un consommé (voir page 43).

FARCES

FARCE À LA SAUGE ET À L'OIGNON

Donne 4 à 6 portions
Temps de cuisson sous pression :
1 minute comme pour le plat principal

---

2 gros oignons
120 ml (8 c. à soupe) de graisse végétale ou de margarine fondue
10 ml (2 c. à thé) de sauge fraîche ou 5 ml (1 c. à thé) de sauge séchée.
Sel et poivre

---

1 Peler et hacher 2 gros oignons et les mettre dans l'autocuiseur avec 150 ml (2/3 tasse) d'eau et assaisonner.

2 Amener l'autocuiseur à pression élevée (15 lb) et laisser cuire pendant 1 minute.

3 Laisser retomber la pression, filtrer le liquide pour enlever les oignons, mélanger avec 120 ml (8 c. à table) de graisse végétale ou de margarine fondue, 10 ml (2 c. à thé) de sauge fraîche ou 5 ml (1 c. à thé) de sauge séchée. Saler et poivrer.

4 Lier avec un peu de bouillon, ou bien avec un œuf. On peut ainsi farcir de porc ou de volaille (canard et oie) cette préparation.

FARCE AU VEAU, PERSIL ET CITRON

Donne 4 à 6 portions
Temps de cuisson sous pression : comme pour le plat principal

---

zeste de citron et jus de citron
250 ml (1 tasse) de mie de pain
10 ml (2 c. à thé) de fines herbes fraîches
ou 2 ml (1/2 c. à thé) de fines herbes séchées
60 ml (4 c. à soupe) de graisse végétale ou de margarine fondue
sel, poivre
1 œuf

---

1   Râper la couche externe (partie jaune) de l'écorce d'un citron et en extraire un peu de jus ou la totalité.

2   Ajouter le zeste de citron à 250 ml (1 tasse) de mie de pain. Ajouter les fines herbes fraîches ou séchées, la graisse végétale ou la margarine fondue, le sel, le poivre et l'œuf.

3   Incorporer suffisamment de jus de citron pour obtenir la saveur souhaitée.

Utiliser cette farce dans la volaille, la viande et le poisson.

VARIANTES

Hacher la chapelure et les fines herbes au mélangeur, avec le zeste de citron.

Farce aux abattis : Ajouter aux autres ingrédients le foie de volaille cru ou légèrement cuit, haché finement.

Farce au riz : Dans la *Farce à la sauge et à l'oignon* ou la *Farce au veau*, remplacer la chapelure par du riz cuit.

PRÉPARATION DES SAUCES

Les sauces présentées ici se préparent en quelques minutes, et métamorphosent les viandes et volailles. Si vous disposez d'un congélateur, il est pratique de préparer les sauces en grande quantité. Notez toutefois qu'une fois congelé, le vin perd de son pouvoir aromatisant. Il est donc conseillé de ne l'ajouter qu'au moment de réchauffer la sauce.

La sauce standard à servir avec les viandes est la *Sauce brune*. Faire fondre 30 ml (2 c. à table) de gras dans la casserole et y incorporer 30 ml (2 c. à table) de farine. Ajouter 250 ml (1 tasse) de fond brun (voir page 40). Cuire à feu doux en remuant jusqu'à ce que la sauce soit épaisse et onctueuse. Assaisonner au goût.

Pour préparer une sauce encore plus savoureuse, faire d'abord revenir un oignon émincé dans le gras, puis poursuivre la recette comme pour la sauce de base.

SAUCE CUMBERLAND

Cette sauce est servie froide avec du jambon ou des pâtés, mais peut être utilisée pour réchauffer le jambon cuit.

Donne 4 à 6 portions
Temps de cuisson sous pression : 5 min

---

2 grosses oranges
2 petits citrons ou 1 gros citron
250 ml (1 tasse) de fond blanc ou d'eau
7 ml (1 1/2 c. à thé) de fécule d'arrow-root ou de maïs
5 ml (1 c. à thé) de moutarde préparée
60 ml (4 c. à table) de porto

90 ml (6 c. à table) de gelée de canneberges
sel et poivre

---

1   Prélever le zeste des agrumes. Ne pas utiliser la partie blanche. Découper le zeste en allumettes et mettre dans l'autocuiseur avec le bouillon et l'eau.

2   Amener l'autocuiseur à pression élevée (15 lb), cuire pendant 5 minutes. Laisser retomber la pression et ôter le couvercle.

3   Exprimer le jus du fruit et y délayer la fécule d'arrow-root ou de maïs. Ajouter ensuite au liquide accumulé au fond de l'autocuiseur tous les autres ingrédients et remuer à feu doux jusqu'à ce que la sauce soit épaisse et transparente.

VARIANTES

Sauce à l'orange : Omettre le citron et la moutarde, utiliser le bouillon obtenu de la cuisson des abattis de canard et prendre seulement 30 à 45 ml (2 à 3 c. à table) de gelée. Servir pour accompagner le canard.

SAUCE ESPAGNOLE

Voici une sauce classique, idéale pour accompagner les viandes, la volaille, etc. Elle est excellente avec le bacon canadien rôti.

Donne 5 portions
Temps de cuisson sous pression : 8 min

---

1 petit oignon
1 petite carotte
2 tomates moyennes
2 champignons moyens

1 tranche de bacon canadien
30 ml (2 c. à table) de graisse de rôti ou de margarine
250 ml (1 tasse) de fond brun
bouquet garni (voir page 25)
sel et poivre
30 ml (2 c. à table) de farine
45 ml (3 c. à table) de xérès sec

---

1   Peler les légumes et les hacher. Il n'est pas nécessaire de peler les champignons ou de couper les légumes en dés avec soin, si la sauce sera réduite en purée.

2   Si on n'a pas l'intention de passer la sauce au chinois ou au mélangeur, débarrasser le bacon de sa couenne et couper la tranche en petits dés.

3   Chauffer la graisse de rôti ou la margarine dans l'autocuiseur à découvert et y faire revenir le bacon et les légumes pendant quelques minutes.

4   Ajouter le bouillon, le bouquet garni et les assaisonnements.

5   Fermer le couvercle, amener l'autocuiseur à pression élevée (15 lb) et laisser cuire pendant 8 minutes.

6   Laisser retomber la pression et ôter le couvercle.

7   Délayer la farine dans le xérès et incorporer ce mélange au contenu de l'autocuiseur en remuant jusqu'à épaississement. Retirer la couenne de bacon et le bouquet garni.

8   Il est habituel, mais non essentiel de passer cette sauce au chinois ou au mélangeur.

9   Servir la sauce pour accompagner le poulet bouilli, les tranches de viande et le poisson poché.

VARIANTES

Sauce au madère: Pour préparer cette sauce, prendre un mélange composé à parts égales de bouillon et de madère. Délayer la farine dans le vin. Cette sauce est excellente pour accompagner la langue, le jambon ou la volaille servis en tranches (voir aussi page 154).

Sauce au poivre: Ajouter 5 ml (1 c. à thé) de grains de poivre écrasés réunis dans un sachet de mousseline.

SAUCE BOLONAISE

Il s'agit de la sauce classique bien connue servie sur les spaghettis et autres pâtes alimentaires.

Donne 4 à 6 portions

Temps de cuisson sous pression: 5 à 6 min

---

1 petit poivron vert (facultatif)

1 oignon moyen

1 carotte moyenne

3 tomates moyennes

125 ml (1/2 tasse) de champignons

1 gousse d'ail (facultatif)

30 ml (2 c. à table) de beurre

15 ml (1 c. à table) d'huile d'olive

150 ml (2/3 tasse) de fond brun

150 ml (2/3 tasse) de vin rouge

170 à 225 g (6 à 8 oz) de bœuf haché

sel et poivre

---

1 Couper le poivron en dés (retirer le placenta et les graines), peler et hacher l'oignon, la carotte et les tomates. Essuyer et trancher les champignons. Écraser l'ail.

2 Chauffer le beurre et l'huile dans l'autocuiseur et y faire revenir les légumes à feu doux pendant quelques minutes.

3 Ajouter le bouillon, le vin, la viande et les assaisonnements. Poursuivre comme avec la recette de *Bœuf haché savoureux* proposée à la page 123, mais sans épaissir la sauce à la farine. Laisser retomber la pression, ôter le couvercle et laisser la sauce mijoter pendant 5 à 10 minutes jusqu'à ce que le liquide réduise.

SAUCES AUX FRUITS

La compote de pommes est excellente avec le porc, le canard et l'oie. La purée de canneberges est un accompagnement classique de la dinde.

Compote de pommes : Préparer la sauce comme la compote proposée à la page 246. À la fin, ajouter une noix de beurre.

Purée de canneberges : Préparer la compote comme indiqué à la page 246. On peut utiliser un peu de porto au lieu de l'eau, ou un mélange composé à parts égales de jus d'orange et d'eau. Pour obtenir une purée plus sucrée, ajouter aux fruits cuits 15 à 30 ml (1 à 2 c. à table) de gelée de canneberges.

SAUCE AUX TOMATES

Cette sauce peut être servie avec des spaghettis ou d'autres pâtes alimentaires. C'est une sauce excellente pour accompagner les plats de viande, de poisson ou de volaille, ou même les légumes.

Donne 4 à 6 portions
Temps de cuisson sous pression : 5 min

---

3 tomates moyennes
1 oignon
1 petite pomme (facultatif)
1 tranche de bacon canadien entrelardé (facultatif)
30 ml (2 c. à table) de beurre ou de margarine
250 ml (1 tasse) de fond blanc ou d'eau
sel et poivre
5 ml (1 c. à thé) de cassonade
10 ml (2 c. à thé) de fécule de maïs

---

1   Peler et hacher les tomates et l'oignon. Étrogner la pomme et la couper en tranches fines.

2   Débarrasser la tranche de bacon de sa couenne et hacher.

3   Réunir dans l'autocuiseur tous les ingrédients à l'exception de la fécule de maïs.

4   Amener l'autocuiseur à pression élevée (15 lb), cuire pendant 5 minutes. Laisser retomber la pression et ôter le couvercle. Retirer la couenne du bacon.

5   Passer les ingrédients au chinois ou au mélangeur, puis remettre dans l'autocuiseur.

6 Délayer la fécule de maïs dans un peu d'eau. Incorporer ce mélange dans la purée et remuer à feu doux jusqu'à épaississement.

VARIANTES

Si on ne souhaite pas passer au chinois ou au mélangeur, râper l'oignon et la pomme ou les hacher finement, puis découper le bacon en très petits morceaux.

Donner plus de saveur à la sauce en ajoutant une feuille de laurier, du basilic, du persil, une gousse d'ail écrasée ou quelques gouttes de sauce Worcestershire.

Pour une texture plus riche, faire alors revenir l'oignon et la pomme dans 30 ml (2 c. à table) de beurre avant d'ajouter le liquide.

Une cuillerée à table de purée de tomates (en tube ou en conserve) accentue le goût de la sauce et lui donne du piquant. Si les tomates fraîches sont chères, prendre une boîte de 796 ml de tomates (les tomates italiennes sont les meilleures), en gardant le liquide de conservation ou en ajoutant de l'eau de manière à obtenir une quantité totale de 250 ml (1 tasse).

SPÉCIAUX POUR LE WEEK-END

Nous aimons profiter du temps libre dont nous disposons en fin de semaine. Les suggestions de cette partie se veulent être des idées de repas variés et faciles, qui exigent un minimum de temps et d'effort. Toutes les propositions sont basées sur les recettes ou des procédés de cuisson donnés en détail dans ce livre, et les numéros de pages à consulter sont indiqués.

Les temps de cuisson indiqués correspondent à une cuisson à pression élevée (15 lb). Les quantités données sont prévues pour 4 personnes.

Parfois, les fruits sont cuits dans un contenant à part, en même temps que le plat principal, pour le dessert.

KEDGEREE

5 minutes

---

250 ml (1 tasse) + 425 ml (1 3/4 tasse) d'eau
3 œufs
1 oignon
125 ml (1/2 tasse) de riz à grain long
sel
aiglefin fumé

Verser 250 ml (1 tasse) d'eau dans l'autocuiseur. Déposer soigneusement les œufs dans l'eau et l'oignon entier pelé, si désiré. Mettre le riz à grain long, 425 ml (1 3/4 tasse) d'eau et un peu de sel dans un contenant résistant à la cuisson. Placer le tout dans l'autocuiseur et protéger d'un papier parchemin graissé (voir page 207). Mettre la grille en place au-dessus du contenant y déposer l'aiglefin fumé. Amener l'autocuiseur à pression élevée (15 lb) et, après 5 minutes de cuisson, laisser retomber la pression. Défaire le poisson en flocons, hacher 2 œufs, trancher le troisième et émincer l'oignon. Laisser égoutter le riz et rincer si souhaité. Mélanger le riz, le poisson, le blanc d'œuf et l'oignon dans l'autocuiseur à découvert. Arroser d'un peu de crème. Poivrer au goût, puis déposer le mélange dans un plat très chaud avec des jaunes d'œufs hachés, l'œuf tranché et du persil.

Pour rendre le plat encore plus nourrissant, par exemple, remplir le panier de légumes coupés en dés qui pourraient cuire avec le poisson.

TURBOT À LA HOLLANDAISE

5 minutes

Suivre les instructions données pour le *kedgeree* en remplaçant l'aiglefin par des tranches de turbot assaisonnées. Mélanger le riz rincé avec les œufs cuits dur, l'oignon haché et un peu de crème. Disposer sur un plat, y déposer le poisson et napper de **Sauce hollandaise**. Préparation de la sauce : dans un bol, mettre 2 jaunes d'œufs, une pincée de sel, du poivre et de la moutarde avec 15 à 30 ml (1 à 2 c. à table) de jus de citron. Placer le bol au-dessus d'eau très chaude et fouetter le mélange jusqu'à épaississement. Puis incorporer progressivement 60 ml (4 c. à table) de beurre ramolli.

POULET AUX FINES HERBES

5 minutes

4 portions de poulet
60 ml (4 c. à soupe) de beurre
2 à 3 oignons
3 à 4 tomates
250 ml (1 tasse) de bouillon ou d'eau
Fines herbes hachées

Dans l'autocuiseur à découvert, faire revenir 4 portions de poulet dans 60 ml (4 c. à table) de beurre. Retirer le poulet et mettre directement dans l'autocuiseur des oignons émincés, des tomates tranchées et assaisonner, ainsi que 250 ml (1 tasse) de bouillon ou d'eau. Mettre la grille dans l'autocuiseur, recouvrir le poulet de fines herbes hachées et cuire comme pour le braisage (voir page 140).

Servir le poulet accompagné de **Sauce au pain**. Pour préparer la sauce, réunir 250 ml (1 tasse) de mie de pain, un oignon pelé, 250 ml (1 tasse) de lait, 30 ml (2 c. à table) de beurre et les assaisonnements dans une casserole. Porter à ébullition et laisser reposer quelque temps. Retirer l'oignon, réchauffer la sauce à feu doux puis servir.

VARIANTES

Agneau aux fines herbes : 12 minutes

Remplacer le poulet par d'épaisses côtes d'agneau. Servir accompagné de **Sauce à la menthe**. Préparation de la sauce : hacher des feuilles de menthe tendres et aromatiser de sucre et de vinaigre.

Mouton aux fines herbes : 15 minutes

Remplacer le poulet par d'épaisses côtes de mouton. Servir accompagné de **Sauce aux oignons**. Cuire les oignons sous la grille comme dans le *Poulet aux fines herbes*. Cuire aussi un oignon entier pelé sur la grille pour la préparation de la *Sauce aux oignons*. Hacher l'oignon cuit et l'incorporer dans la *Sauce blanche*, dont la recette est donnée à la page 87.

Bœuf savoureux : 10 minutes

Cuire 4 épaisses tranches de gîte à la noix de la façon décrite pour le *Poulet aux fines herbes*. Servir accompagné de **Sauce au raifort**. Préparation de la sauce : mélanger du raifort frais râpé, un peu de moutarde, du sucre, du sel, du poivre et du jus de citron avec de la crème à 35 % ou de la *Sauce blanche* (voir page 87).

Remarque : Cuire les légumes qui se prêtent à cette préparation dans le séparateur, en même temps que le plat principal (voir pages 115 ainsi que de 171 à 199).

CARIS

8 minutes et plus

---

un oignon
une pomme
30 ml (2 c. à soupe) de beurre
15 à 30 ml (1 à 2 c. à soupe) de poudre de cari
250 à 425 ml (1 tasse à 1 3/4 tasse) de bouillon

Peler et hacher un oignon et une pomme. Dans l'autocuiseur découvert, les faire revenir dans le beurre. Ajouter la poudre de cari et verser le bouillon. Ajouter quelques raisins sultanas, un peu de noix de coco râpée, du chutney, des assaisonnements, du sucre et du jus de citron au goût. Ajouter suffisamment de poulet ou de viande cuite coupée en dés pour obtenir 4 portions. Amener l'autocuiseur sous pression et laisser cuire pendant 3 minutes.

Laisser retomber la pression, mettre la grille en place au-dessus du cari et ajouter le contenant de riz (décrit à la page 205). Rétablir la pression et poursuivre la cuisson. À la fin de la cuisson, épaissir la sauce si désiré.

LÉGUMES

Avec le temps, nous avons appris l'importance de cuire les légumes correctement. Rien de surprenant donc à ce que nous nous efforcions tous d'adopter des méthodes de cuisson des légumes qui leur conservent un maximum de saveur, de couleur, de texture et de vitamines.

Si on songe à la façon dont les légumes cuisent sous pression, c'est-à-dire dans une quantité minime de liquide et en un temps des plus brefs, on comprend pourquoi ils ont si bon goût ainsi cuisinés.

POINTS À RETENIR

Préparation des légumes : Peler, gratter ou laver, et hacher les légumes, comme on le ferait avec toute autre méthode de cuisson. Pour obtenir une cuisson uniforme, s'assurer que les morceaux de légumes sont de la même taille. Voir l'étape 1 pour la préparation des légumes verts. Ainsi, couper les pommes de terre en deux ou en quatre, hacher les carottes, si on les fait cuire en compagnie des légumes verts.

Assaisonnement : On préfère en général les légumes cuits à l'eau salée, mais puisque, avec l'autocuiseur, on utilise si peu d'eau et que les légumes conservent davantage leurs sels minéraux grâce à leur courte cuisson, on peut se permettre d'y aller parcimonieusement avec le sel de table.

Temps de cuisson : Dans la préparation des légumes, le temps de cuisson est particulièrement important. Les temps de cuisson indiqués dans les recettes et les renseignements fournis dans ce chapitre correspondent à des moyennes. Éviter de les dépasser. Il est facile de vérifier l'état de cuisson des légumes après avoir fait refroidir l'autocuiseur. S'ils sont encore un peu trop fermes, rétablir la pression et poursuivre la cuisson pendant encore une minute.

Grille : La grille et les séparateurs sont de précieux accessoires, car ils permettent de maintenir les légumes au-dessus du liquide afin de conserver leur texture ferme. Voir les étapes 3 et 5.

Liquide de cuisson : Pour la cuisson des légumes, l'autocuiseur doit contenir de l'eau. Voir étape 2.

Pression : Amener rapidement l'autocuiseur à pression élevée (15 lb).

Réduction de la pression : Sous l'eau froide courante.

LE B.A.-BA DE LA CUISSON DES LÉGUMES

1   Préparer les légumes comme à l'habitude, en tenant compte des recommandations données plus haut. Ne pas laisser les légumes verts tremper trop longtemps dans l'eau, car la vitamine C se dissout dans l'eau. La meilleure méthode de préparation des légumes verts consiste à les laver, puis à les couper en lanières ou à les hacher immédiatement avant la cuisson.

2   Verser 250 ml (1 tasse) d'eau dans l'autocuiseur et mettre la grille en place.

3 Certains légumes peuvent être placés sur la grille : pommes de terre, carottes et autres légumes-racines. On peut les mélanger ou les maintenir séparés, au choix.

4 Ajouter un peu de sel, puis chauffer l'autocuiseur à découvert sur feu vif jusqu'à ce que l'eau atteigne son point d'ébullition.

5 Mettre les séparateurs en place dans l'autocuiseur contenant d'autres légumes, par exemple des petits pois, des haricots, des légumes-racines coupés en petits dés, du chou coupé en lanières, etc. (voir les temps de cuisson sur les pages suivantes). Saler légèrement ces légumes.

6 Fermer le couvercle et amener l'autocuiseur à pression élevée (15 lb) en chauffant à feu vif.

7 Réduire le feu et chronométrer le temps de cuisson, puis laisser retomber la pression immédiatement sous l'eau froide courante.

8 Ôter le couvercle, retirer les légumes de l'autocuiseur et les déposer dans un plat de service très chaud. Garnir de beurre ou de margarine, ainsi que de fines herbes hachées.

9 Utiliser le liquide demeuré au fond de l'autocuiseur pour confectionner une soupe ou une sauce, car ce bouillon est savoureux et contient des vitamines provenant des légumes.

TEMPS DE CUISSON DES LÉGUMES

Les temps indiqués pour les différents légumes correspondent à une cuisson à pression élevée (15 lb). Les principes de base de la cuisson des légumes, ainsi que les quantités de liquide recommandées, sont indiqués aux pages 171 à 199. On trouve aussi des conseils sur l'assaisonnement. Les lettres « G » et « S » qui accompagnent les temps de cuisson correspondent à l'utilisation de la grille ou du séparateur. Quand il n'y a aucune lettre, cela signifie que les légumes doivent être cuits dans le liquide.

Sauces: De nombreux légumes peuvent être servis nappés de *Sauce blanche au fromage* ou de *Sauce au persil* (voir recettes à la page 88). Dans la préparation de la sauce, remplacer une partie du lait par une certaine quantité du liquide accumulé au fond de l'autocuiseur. Le liquide de cuisson des légumes contient des minéraux et confère de la saveur à la sauce.

Fines herbes: De nombreuses fines herbes communiquent une saveur intéressante aux légumes. Des suggestions sont faites lorsque cela s'applique. Hacher les fines herbes et en parsemer légèrement les légumes avant la cuisson.

ARTICHAUTS

4 à 10 minutes — « G »

Arracher les premières feuilles dures de l'artichaut. Enlever la base des tiges et le sommet des plus grandes feuilles. Laver à l'eau froide. Les différents temps de cuisson s'expliquent par les différences de tailles considérables d'un artichaut à l'autre. Servir les artichauts chauds accompagnés d'un beurre fondu aromatisé au citron, ou en extraire le cœur pendant que le légume est chaud. Laisser refroidir, puis arroser d'une vinaigrette à l'huile.

Pour les gourmets: Farcir le centre de l'artichaut froid de crevettes à la mayonnaise ou d'un pâté de crevette.

ASPERGES

2 à 4 minutes — « G »

Enlever les extrémités dures des tiges des asperges. Bien les laver. Regrouper les asperges en attachant 4 à 6 tiges ensemble. Si possible, les placer à la verticale. Servir les asperges très chaudes, arrosées de beurre fondu, ou froides, accompagnées d'une vinaigrette.

Pour les gourmets: Napper de *Sauce hollandaise* (voir page 183).

AUBERGINES

3 minutes

Trancher les aubergines ou les couper en dés. Cuire dans l'eau salée ou dans le jus de tomate. Laisser égoutter, retourner dans le beurre et garnir de persil haché. En laissant épaissir du jus de tomate dans l'autocuiseur à découvert, le servir en guise de sauce.

BETTERAVES

10 à 30 minutes

Brosser les betteraves crues et les mettre dans l'autocuiseur, sans la grille. Compter 10 minutes de cuisson dans 500 ml (2 tasses) d'eau pour les petites betteraves, et jusqu'à 30 minutes dans un bon litre (4 tasses) d'eau pour les betteraves plus grosses. Peler les betteraves et les servir chaudes (coupées en dés ou en tranches si elles sont grosses) accompagnées de beurre fondu et de persil haché, ou d'une *Sauce blanche* plutôt fluide (voir recette à la page 87).

BROCOLI

2 à 4 minutes — « S »

Parer le brocoli pour obtenir de jolis fleurons uniformes, dépourvus de tiges et de feuilles vieilles et coriaces. Servir le brocoli accompagné de beurre fondu ou nappé de *Sauce blanche* ou de *Sauce au fromage* (voir pages 87-88).

Pour les gourmets : Napper de *Sauce hollandaise* (voir page 183) ou mettre dans un plat allant au four et garnir de fromage râpé, d'une fine chapelure et de beurre fondu. Faire gratiner quelques minutes sous le gril.

CAROTTES

4 minutes — « G » ou « S »

Brosser les petites carottes sans les peler. Peler les carottes plus grosses. Les trancher ou les couper en dés. Il est préférable de les cuire dans le séparateur. Servir les carottes accompagnées de beurre fondu et de ciboulette ou de persil haché.

Pour les gourmets : **Carottes Vichy** : Cuire les carottes dans un bouillon et non dans l'eau, dans l'autocuiseur (sans grille ni séparateur) pendant 2 à 3 minutes. Laisser retomber la pression, ôter le couvercle, ajouter une bonne pincée de sucre, un peu de persil haché et une petite noix de beurre. Poursuivre la cuisson dans l'autocuiseur à découvert jusqu'à évaporation du liquide.

CÉLERI

2 à 4 minutes — « G »

Bien laver le pied de céleri, et éliminer toute branche ligneuse en périphérie. Couper les branches en tronçons uniformes ou bien couper le cœur du céleri en deux ou en quatre. Servir nappé de *Sauce blanche* ou de *Sauce au fromage* (voir page 88). Le céleri est excellent servi dans une sauce aux tomates. La recette proposée à la page 180 convient très bien.

Pour les gourmets: Braiser les cœurs de céleri selon la méthode décrite à la page 142.

CÉLERI-RAVE

2 à 4 minutes — « G » ou « S »

Peler le légume et le couper en cubes de 2,5 cm (1 po).

CHICORÉE ET SALSIFIS

3 à 6 minutes

Il est préférable de cuire ces légumes directement dans l'auto-cuiseur dans le beurre et un peu de liquide. Laver la chicorée. Ne pas la découper. Gratter le salsifis et le couper en tronçons de longueur égale. Retourner le légume dans environ 60 ml (4 c. à table) de beurre. Ajouter 150 ml (2/3 tasse d'eau), 5 ml (1 c. à thé) de jus de citron et des assaisonnements. Amener l'autocuiseur à pression élevée (15 lb) puis réduire le feu. Calculer le temps de cuisson comme dans la recette précédente en tenant compte de la taille.

CHOU

2 à 4 minutes — « S »

Préparer le chou juste avant de cuisiner, de la façon décrite à la page 188. Pour des légumes légèrement croquants, choisir le temps de cuisson le plus bref. Le chou rouge doit être cuit séparément des autres légumes, car il a tendance à « saigner » et à communiquer sa couleur aux autres aliments. Laisser égoutter et retourner dans le beurre chaud.

Pour les gourmets : Mélanger le chou cuit avec des oignons hachés et frits et des pommes hachées frites.

CHOU-FLEUR

2 à 5 minutes — « G » ou « S »

Séparer le chou-fleur en petits bouquets qu'il est préférable de cuire dans le séparateur. Ou bien couper le légume en deux ou quatre morceaux et les déposer sur la grille. Servir comme le brocoli.

CHOU FRISÉ ET CHOUX DE BRUXELLES

Choux de Bruxelles : 2 à 4 minutes — « S »
Choux frisé : Comme le chou.

CITROUILLE ET COURGE

4 à 12 minutes — « G » ou « S »

Si la courge est petite, la couper en deux. Ou bien la peler et la trancher ou la couper en dés. S'il s'agit de pâtissons, les laisser entiers.

COURGETTES

2 à 4 minutes — « G » ou « S »

Enlever les extrémités dures, ne pas peler. Couper les courgettes en deux, et mettre sur la grille, ou en tranches dans le séparateur. Servir les courgettes accompagnées de beurre ou nappées de *Sauce blanche* ou de *Sauce au fromage* (voir page 88).

ÉPINARDS

0 minute

Laver les épinards sans les égoutter. Mettre les épinards dans l'autocuiseur à découvert, chauffer à feu doux jusqu'à ce qu'ils suintent, les écraser et ajouter d'autres feuilles. Assaisonner. Éviter de remplir le contenant de l'autocuiseur au-delà des deux tiers de sa capacité. Fermer le couvercle, établir la pression, puis la laisser retomber immédiatement. Laisser égoutter, puis mélanger avec du beurre. Ou bien hacher et mélanger avec un peu de crème épaisse et de beurre.

GOURGANES

4 à 5 minutes — « G » ou « S »

Si les gourganes sont très jeunes, en couper les extrémités et les cuire entières sur la grille. Si elles sont plus avancées, les écosser et les cuire dans le séparateur. Servir les gourganes accompagnées de beurre fondu ou nappées de *Sauce blanche* ou de *Sauce au persil* (voir page 88). La sarriette, la marjolaine et le basilic hachés finement parfument très bien les gourganes.

HARICOTS VERTS ET HARICOTS D'ESPAGNE

4 à 5 minutes — « G »

Effiler les haricots verts, mais les laisser entiers, et ouvrir les haricots d'Espagne. Les haricots peuvent être aromatisés avec un peu d'ail et de persil haché finement, ou avec de l'estragon, de la sarriette des montagnes ou de la sarriette des jardins. Préparer un surplus de haricots pour pouvoir les servir en salade accompagnée d'une vinaigrette à l'ail.

MAÏS SUCRÉ (BLÉ D'INDE)

3 à 5 minutes — « G »

Débarrasser les épis de leurs feuilles, les placer sur la grille et les saler très légèrement. Servir arrosé de beurre fondu.

OIGNONS

4 à 8 minutes — « G » ou « S »

Si les oignons sont pelés et coupés en rondelles, les cuire dans le séparateur. S'ils sont entiers, utiliser la grille. L'oignon peut être précuit dans l'autocuiseur puis revenu, à la poêle, dans un peu de gras pour terminer la cuisson.

Pour les gourmets : Braiser les oignons entiers selon la méthode décrite à la page 142.

PANAIS

4 minutes

Peler et couper les panais en dés. Cuire dans le liquide plutôt que sur la grille. On peut raccourcir le temps de cuisson de 2 minutes, égoutter, puis faire rôtir les légumes au four. Servir comme les carottes.

POIREAUX

4 minutes — « G »

Éliminer les parties vertes du poireau et bien nettoyer entre les couches. Si le poireau est grand, le couper dans le sens de la longueur. Aromatiser de persil ou de romarin haché.

Pour les gourmets: Braiser les poireaux entiers selon la méthode décrite à la page 142.

POIS

3 à 4 minutes — « S »

Cuire les pois mange-tout entiers. Écosser les autres variétés. Aromatiser à la menthe. Servir arrosé de beurre fondu.

Pour les gourmets: **Pois à la française**: Disposer une couche de feuilles de laitue humides dans le séparateur, puis les pois écossés, des échalotes ou des ciboules hachées, du beurre, des assaisonnements et une dernière couche de laitue humide. La laitue peut être mangée avec les pois.

POIVRONS VERTS ET ROUGES

4 à 5 minutes — « G »

Couper les poivrons en anneaux, retirer le placenta et les graines. Les poivrons accompagnent très bien les autres légumes.

POMMES DE TERRE

4 à 5 minutes — « G »

Gratter les pommes de terre nouvelles et peler les vieilles, ou bien leur laisser la peau. Couper les grosses pommes de terre en dés de taille uniforme. Retourner dans le beurre fondu et garnir de persil haché.

Pommes de terre en robe des champs : Brosser de grosses pommes de terre, mais ne pas les peler. Cuire pendant 12 minutes sur la grille en prenant 500 ml (2 tasses) d'eau. Retirer les pommes de terre de l'autocuiseur, retirer le haut et mettre du beurre.

RUTABAGAS ET NAVETS

4 minutes

Même traitement que pour le panais.

TOMATES

0 minute — « G » ou « S »

Placer des tomates bien fermes sur la grille ou dans le séparateur et assaisonner légèrement. Fermer le couvercle de l'autocuiseur, faire monter la pression puis la laisser retomber immédiatement. Le basilic et l'estragon hachés accompagnent bien les tomates.

TOPINAMBOURS

4 à 5 minutes — « G »

Brosser, peler ou gratter les topinambours. Les mettre dans de l'eau additionnée de 10 ml (2 c. à thé) de jus de citron ou de vinaigre blanc, pour garder la blancheur. Servir les topinambours accompagnés de beurre fondu ou nappés de *Sauce blanche* (voir page 87).

LÉGUMES SURGELÉS

Comme les légumes surgelés ont déjà subi une étape de blanchiment avant la congélation, il faut veiller à ne pas trop les cuire.

Si on les cuit aussi longtemps que des légumes frais, on se trouvera donc à compenser le temps de décongélation. Cependant, il n'est peut-être pas indiqué de cuire les légumes surgelés à l'autocuiseur, à moins que ce ne soit en compagnie des autres ingrédients d'un repas. Se servir du séparateur et ne pas décongeler les légumes avant la cuisson.

HARICOTS ET LÉGUMINEUSES

Les haricots et autres légumineuses représentent une source de protéines économique dans le régime alimentaire de la famille.

Il est préférable de faire tremper les légumineuses au moins 12 heures dans l'autocuiseur, dans l'eau froide, ou dans le bouillon pour un surcroît de saveur. Si on les met à tremper dans un grand bol, il faut tenir compte de l'expansion qu'elles prendront: une fois gonflées d'eau, elles doublent de volume. Verser suffisamment d'eau bouillante pour recouvrir les légumineuses. Poser une assiette sur le dessus et laisser tremper pendant une heure.

Il est possible de cuire les haricots et les autres légumineuses dans l'autocuiseur sans trempage préalable. Toutefois, cette étape permet de raccourcir le temps de cuisson et de jeter l'eau de trempage, ce qui a pour avantage de contribuer à réduire les flatulences associées à la consommation de ces aliments. Il n'est pas nécessaire de faire tremper les lentilles, mais certains cuisiniers préfèrent les soumettre à un petit trempage.

Les haricots et autres légumineuses non trempés doivent cuire deux fois plus longtemps que les légumineuses trempées.

Il est difficile d'indiquer les temps de cuisson exacts pour les légumineuses, car ceux-ci varient beaucoup en fonction de l'âge des haricots et de leur degré de sécheresse. Mais ce sont des aliments qui se récupèrent aisément, et quelques minutes de cuisson supplémentaires n'entraînent pas de désastre.

Ne pas ajouter de sel aux haricots et aux autres légumineuses avant la fin de la cuisson, car le sel en durcit la peau et les empêche de devenir tendres.

L'ajout de 15 ml (1 c. à table) d'huile à l'eau permet de prévenir la formation d'écume pendant la cuisson.

Quelle que soit la méthode choisie, les haricots sont prêts à cuire.

1 Jeter l'eau de trempage des légumineuses et la remplacer par suffisamment d'eau pour obtenir la quantité de liquide désirée, tel qu'indiqué à l'étape 2.

2 Mettre la quantité d'eau voulue dans l'autocuiseur. Compter au moins 1 litre (4 tasses) de liquide par quantité de 250 ml (1 tasse)

de légumineuses sèches. Se rappeler que les légumineuses, une fois cuites, triplent de volume par rapport à leur quantité initiale.

3 Porter le liquide à ébullition, ajouter les légumineuses trempées et rétablir l'ébullition. Écumer la surface du liquide. Ajouter 15 ml (1 c. à table) d'huile.

4 Ne pas remplir l'autocuiseur au-delà de la moitié de sa capacité, en comptant le liquide.

5 Fermer le couvercle, amener progressivement l'autocuiseur à pression élevée (15 lb). Réduire le feu et chronométrer le temps de cuisson :

Haricots adzuki	6 à 8 minutes
Haricots noirs	8 à 12 minutes
Haricots communs	12 minutes
Haricots de Lima	30 minutes
Haricots cannellini	12 minutes
Pois chiches	24 minutes
Flageolets	6 à 8 minutes
Haricots ronds blancs :	
petits	20 minutes
grands	30 minutes
Lentilles	10 minutes
Pois (pois ridés) :	
cassés	15 minutes
entiers	20 minutes
Haricots rouges	9 à 12 minutes
Soya	30 minutes

5 Faire retomber la pression en laissant l'autocuiseur refroidir à température ambiante. Servir ensuite les haricots, pois ou lentilles.

6 Après la cuisson des haricots ou d'autres légumineuses, bien nettoyer le couvercle et son évent, car l'écume qui se forme vient obstruer le dispositif.

On peut retourner les légumineuses dans le beurre et les fines herbes hachées, les arroser d'une sauce ou les ajouter à des ragoûts ou à des salades.

HARICOTS AU LARD («FÈVES AU LARD»)

Donne 8 portions
Temps de cuisson sous pression : 20 min

---

250 ml (1 tasse) de petits haricots blancs
796 ml de tomates hachées en conserve
50 ml (1/4 tasse) de sucre semoule
1 oignon haché finement
10 ml (2 c. à thé) de moutarde en poudre
15 ml (1 c. à table) de mélasse
sel et poivre

---

1 Mettre les haricots dans un bol et les recouvrir d'eau bouillante.

2 Laisser reposer 1 heure et jeter l'eau de trempage.

3 Mettre les haricots et les autres ingrédients dans l'autocuiseur avec 475 ml (1 3/4 tasse) d'eau.

4 Amener l'autocuiseur à pression élevée et laisser cuire pendant 20 minutes.

5 Laisser retomber la pression lentement.

6   S'il reste trop de liquide dans l'autocuiseur, le faire réduire par ébullition.

DHAL

Donne 4 portions
Temps de cuisson sous pression : 5 min

---

30 ml (2 c. à table) d'huile
1 oignon haché
morceau de gingembre frais de 2,5 cm (1 po), pelé et tranché
5 ml (1 c. à thé) de graines de cumin
5 ml (1 c. à thé) de graines de coriandre moulues
2 ml (1/2 c. à thé) de curcuma
250 ml (1 tasse) de lentilles rouges cassées

---

1   Chauffer l'huile dans l'autocuiseur et y faire dorer l'oignon.

2   Ajouter le gingembre, le cumin, la coriandre et le curcuma. Cuire pendant 1 minute en remuant.

3   Ajouter les lentilles et 300 ml (1 1/4 tasse) d'eau.

4   Porter à ébullition et écumer la surface du liquide.

5   Fermer le couvercle et amener l'autocuiseur à pression élevée (15 lb).

6   Cuire pendant 5 minutes.

7   Laisser retomber la pression lentement.

RIZ, PÂTES ET CÉRÉALES

Le riz et les pâtes (spaghetti, macaroni, etc.) forment la base de nombreux repas intéressants. Ces aliments sont aussi d'excellents accompagnements de la viande, du poisson et de la volaille. L'avoine en flocons, cuit dans l'autocuiseur, donne un gruau vite fait, et l'orge accompagne très bien les plats salés.

POINTS À RETENIR

Les quantités à prévoir: Ces ingrédients gonflent en cuisant. Comme les céréales absorbent du liquide, leur poids augmente. Ainsi, une fois cuite, une quantité de 50 ml (1/4 tasse) de riz (petite portion pour une personne) donne près de 175 ml (3/4 tasse). Il faut donc mesurer les quantités parcimonieusement.

Le temps de cuisson[*]: Les temps de cuisson ont leur importance, car une cuisson trop prolongée risque de gâcher les aliments. Les temps de cuisson sont indiqués pour les différents aliments.

La grille: Ne pas utiliser pas la grille, car ces ingrédients doivent cuire plongés *dans* le liquide. On peut installer la grille dans l'autocuiseur quand le riz est placé dans un contenant distinct, comme dans la situation décrite à la page 208.

Le liquide de cuisson: Comme tous ces aliments absorbent du liquide, il faut prendre soin d'ajouter tout le liquide indiqué dans les

---

[*] **Remarque**: Cette façon de faire s'applique aux aliments courants. Les variétés à cuisson très rapide cuisent presque aussi rapidement dans une casserole ordinaire.

recettes. Avec la cuisson dans l'autocuiseur, il n'est pas nécessaire d'utiliser autant de liquide qu'avec la cuisson traditionnelle, car il ne se produit pas d'évaporation. Porter le liquide à ébullition dans l'autocuiseur à découvert. Y jeter le riz, les pâtes ou les céréales. Remuer rapidement et fermer ensuite le couvercle.

L'assaisonnement : Ajouter le sel ou les autres assaisonnements au goût. Comme on utilise moins de liquide, y aller avec parcimonie avec les assaisonnements, quitte à en ajouter un peu plus tard, si on le désire.

Le remplissage de l'autocuiseur : Tous ces aliments ont tendance à gonfler pendant la cuisson. L'autocuiseur ne doit donc pas être plein à plus du tiers de sa capacité, en comptant l'ensemble des aliments solides et du liquide.

La pression : Amener l'autocuiseur à pression élevée (15 lb) et réduire le feu plus qu'à l'habitude, tout en maintenant une certaine pression. On procède ainsi afin de s'assurer que le liquide de cuisson, chargé d'amidon, ne vienne pas bloquer la soupape.

La réduction de la pression : Lorsqu'on prépare du riz ou des pâtes alimentaires, laisser retomber la pression sous l'eau froide courante. Toutefois, si on cuisine de l'avoine ou de l'orge, faire retomber la pression en laissant l'autocuiseur refroidir à température ambiante.

Si on préfère les cuire à l'autocuiseur, calculer environ le tiers du temps indiqué sur l'emballage, et ce, à pression élevée (15 lb).

CUISSON DU RIZ À L'EAU

Donne 3 à 4 portions (selon le repas)
Temps de cuisson sous pression : 5 min

---

150 ml (1/2 tasse) de riz
250 ml (1 tasse) d'eau
2 ml (1/2 c. à thé) de sel

---

1 Pour les mets salés, prendre le riz à grain long, car il est moins farineux. Pour 150 ml (1/2 tasse) de riz, compter 250 ml (1 tasse) d'eau. Si on préfère des mesures plus simples, prendre une tasse ordinaire.

2 Verser l'eau dans l'autocuiseur, ajouter 2 ml (1/2 c. à thé) rase de sel (ou un peu moins si on le désire). Porter l'eau à ébullition et y jeter le riz. Bon nombre de variétés de riz sont vendues prélavées. Si on lave le riz à l'eau froide, le faire immédiatement avant la cuisson.

3 Remuer le riz rapidement, fermer le couvercle et amener l'autocuiseur à pression élevée (15 lb). Réduire le feu et laisser cuire pendant 5 minutes.

4 Laisser retomber la pression sous l'eau froide courante.

5 Si le temps presse, rincer le riz dans un tamis pour en séparer les grains. Égoutter en secouant. Si on a le temps de sécher le riz selon cette méthode, étendre le riz sur un plat très chaud et le mettre dans un four préchauffé. Éteindre le four et laisser le riz sécher sous l'effet de sa chaleur résiduelle.

VARIANTES

Lorsque d'autres ingrédients cuisent en même temps que le riz dans l'autocuiseur, mettre le riz, l'eau et le sel dans un contenant solide (un plat allant au four), recouvrir de papier parchemin beurré, cuire comme indiqué plus haut, mais en faisant retomber la pression en laissant l'autocuiseur refroidir à température ambiante.

CONGÉLATION DU RIZ, DES PÂTES ALIMENTAIRES ET DES CÉRÉALES

Puisque ces ingrédients se cuisent rapidement, il y a peu d'intérêt à les congeler. Les céréales et les pâtes alimentaires perdent habituellement de leur texture à la congélation, mais le riz y résiste bien.

Laisser refroidir le riz cuit, le tasser dans le contenant, congeler quelque peu, séparer les grains et poursuivre la congélation.

Pour réchauffer, plonger le riz congelé dans le liquide bouillant et porter de nouveau à ébullition.

CONDIMENTS POUR LE RIZ

Riz au cari: Dans l'autocuiseur découvert, faire revenir un oignon haché dans 30 ml (2 c. à table) de gras, ajouter 10 ml (2 c. à thé) de poudre de cari, cuire pendant 1 minute puis poursuivre comme aux étapes 1 à 5 de la page 208. Pour préparer un riz au cari plus intéressant, ne pas rincer le riz. Ajouter quelques raisins sultanas, un peu de noix de coco séchée, des légumes cuits coupés en dés, de la viande, de la volaille ou du poisson cuit coupé en dés. Chauffer à feu doux dans l'autocuiseur découvert jusqu'à obtention de la consistance désirée.

Riz au citron: Une tranche de citron (sans pépins) aide à blanchir le riz bouilli. En ajoutant du zeste de citron râpé finement et environ 15 ml (1 c. à table) de jus de citron, on confère une saveur agréable au riz, qui peut être servi en accompagnement du poisson ou de la volaille. Ajouter le citron avec l'eau à l'étape 2.

Riz au safran : Le safran communique une couleur jaune et une saveur intéressante au riz. Il est particulièrement bon dans les caris. Ajouter une bonne pincée de safran en poudre ou en brins à l'eau à l'étape 2. Si on ne souhaite pas que les brins de safran se retrouvent dans l'assiette, les laisser infuser dans l'eau froide et tamiser ensuite le liquide.

Riz savoureux : Dans la cuisson du riz, remplacer l'eau par du bouillon ou du jus de tomate. Si on le désire, ajouter de l'oignon haché finement, des tomates, des poivrons verts et rouges à l'étape 2.

Riz sucré : Des poudings au lait à base de riz sont décrits aux pages 237 et 238. Pour varier, cuire du riz à grain long dans du jus de fruit ou une purée de fruits fluide, au lieu de l'eau. Ajouter du sucre au goût à la place du sel, et suivre les étapes 1 à 4, page 208.

RIZ COMME PLAT D'ACCOMPAGNEMENT

Le riz accompagne merveilleusement bien de nombreux plats, et il existe différentes façons de le cuire dans l'autocuiseur avec d'autres ingrédients.

Si on fait cuire du poisson ou d'autres ingrédients solides sur la grille, on peut cuire le riz dans un contenant, en suivant la méthode indiquée. Une fois le riz cuit, le rincer et le laisser égoutter, ou le faire sécher au four avant de le servir.

Si on prépare un mets liquide, comme un cari ou un ragoût, on peut procéder de deux façons différentes :

a) Cuire le riz dans la casserole puis l'assécher au four et le garder au chaud tout en poursuivant la préparation du reste du repas.

b) Cuire le ragoût, mettre dans le plat de service et garder au chaud pendant la cuisson du riz dans l'autocuiseur.

RISOTTO

Ce mot italien désigne des plats à base de riz qui se présentent en de nombreuses variations. Prendre du riz italien arborio ou carnaroli, qui devient translucide une fois cuit. En l'absence de ces variétés, choisir un riz à grain long pour obtenir une texture plus sèche, ou un riz à grain rond pour une texture plus collante, selon ses goûts personnels. Ces recettes donnent 4 portions.

Risotto alla milanese: Hacher 1 oignon de taille moyenne et le faire revenir dans 30 ml (2 c. à soupe) de beurre et 15 ml (1 c. à soupe) d'huile dans l'autocuiseur à découvert. Verser 500 ml (2 tasses) de bouillon parfumé au safran. Porter à ébullition et ajouter 250 ml (1 tasse) de riz, puis cuire comme aux étapes 1 à 4 de la recette proposée à la page 208. Faire sécher le riz quelque peu dans l'autocuiseur à découvert et le servir garni de parmesan râpé.

Risotto alla finanziera: Procéder comme dans la recette précédente, mais ajouter à l'oignon 125 ml (1/2 tasse) de champignons tranchés et 6 à 8 foies de poulet. Omettre le safran.

Fricassée de poulet: Ce plat classique se prépare en ajoutant du poulet cuit coupé en dés à une *Sauce blanche* (confectionnée suivant la recette de la page 87 avec du bouillon de poulet et du lait). Toutefois, on peut préparer une variation délicieuse de la fricassée en ajoutant aux oignons de la première recette de risotto 250 ml (1 tasse) de poulet non cuit coupé en dés.

CUISSON DES PÂTES

Donne 4 portions
Temps de cuisson sous pression : voir étape 3

---

*225 g (8 oz) de pâtes (macaroni, spaghetti
et autres pâtes plus ou moins grosses)
1 litre (4 tasses) d'eau
5 ml (1 c. à thé) rase de sel*

GARNITURE

Persil haché

---

1   Compter environ 225 g (8 oz) de pâtes. Pour cuire cette quantité de pâtes, il faut un bon litre (4 tasses) d'eau. Les pâtes en forme de lettres de l'alphabet peuvent cuire dans 750 ml (3 tasses) d'eau.

2   Verser l'eau dans l'autocuiseur et ajouter 5 ml (1 c. à thé) rase de sel. Porter à ébullition puis plonger les pâtes dans le liquide. Les spaghettis trop longs doivent être cassés en tiges plus courtes.

3   Remuer les pâtes rapidement, fermer le couvercle et amener l'autocuiseur à pression élevée (15 lb). Réduire le feu et chronométrer la cuisson de la façon suivante : les spaghettis ordinaires et les macaronis en coudes sont prêts en 5 à 6 minutes ; les spaghettis plus fins et les macaronis courts exigent 4 à 5 minutes de cuisson ; les vermicelles très fins, les pâtes en forme de lettres de l'alphabet et les autres pâtes du genre cuisent en 3 à 4 minutes. Il est préférable de se baser sur la période de cuisson la plus brève. Tester les pâtes ; elles devraient être al dente, c'est-à-dire à la fois tendres mais fermes sous la pression de la fourchette. Laisser retomber la pression.

4 Égoutter les pâtes, les remettre dans l'autocuiseur avec une bonne noix de beurre et un peu de persil haché. Mélanger et servir en accompagnement ou utiliser comme suggéré dans les recettes proposées sur cette page.

PÂTES ALIMENTAIRES EN PLAT D'ACCOMPAGNEMENT

Pour préparer des pâtes à servir en accompagnement, il faut :

a) Cuire les pâtes de la façon indiquée plus haut. Bien les égoutter, les retourner dans le beurre, les mettre dans un plat très chaud et bien les couvrir. Garder les pâtes au chaud pendant la préparation du reste du repas, ou

b) Cuire la sauce ou le ragoût. Mettre dans un plat très chaud et garder au chaud pendant la cuisson des pâtes alimentaires.

PLATS À BASE DE PÂTES

Macaroni au fromage : Pour préparer ce plat, une quantité de 125 ml (1/2 tasse) de macaronis suffit. Cuire les pâtes de la façon décrite, dans moins de 500 ml (2 tasses) d'eau salée (étapes 2 et 3). Entre-temps, préparer la *Sauce au fromage* proposée à la page 88, mais en prenant 45 ml (3 c. à table) de beurre, 45 ml (3 c. à table) de farine, 425 ml (1 3/4 tasse) de lait, des condiments et 250 ml (1 tasse) de fromage râpé. Retourner les macaronis égouttés dans la sauce, les mettre dans un plat très chaud allant au four, parsemer de fromage râpé, de chapelure fine et d'un peu de beurre fondu ou de margarine et faire gratiner quelques minutes sous le gril. Donne 4 portions.

Spaghetti alla bolognese : Préparer la *Sauce bolonaise* en suivant la recette proposée à la page 178. La garder au chaud, puis cuire les spaghettis. Égoutter les spaghettis, les mettre dans un plat très chaud, arroser de sauce et servir accompagnés de parmesan râpé.

Spaghetti alla milanese: Remplacer la sauce à la viande de la recette précédente par la *Sauce aux tomates* proposée à la page 180.

GRUAU

Donne 3 à 4 portions
Temps de cuisson sous pression : 15 à 20 min

1 Compter environ 4 tasses d'eau par tasse de flocons d'avoine.

2 Verser l'eau dans l'autocuiseur, ajouter une généreuse pincée de sel (ou plus si on le désire), et porter l'eau à ébullition. Ajouter les flocons d'avoine et remuer rapidement.

3 Fermer le couvercle et amener l'autocuiseur à pression élevée (15 lb). Réduire le feu et chronométrer le temps de cuisson :

Compter 15 minutes de cuisson seulement si on souhaite obtenir un gruau épais. Faire retomber la pression en laissant l'autocuiseur refroidir à température ambiante, ôter le couvercle et remuer tout en chauffant à feu doux jusqu'à épaississement. Compter 20 minutes pour un gruau plus fluide, à la texture plus onctueuse.

4 Saler ou sucrer au moment de servir et ajouter du lait chaud ou froid.

VARIANTES

Orge et orge perlé: L'orge se cuit de la même façon que l'avoine. Compter 20 minutes de cuisson à pression élevée (15 lb).

POUDINGS ET GÂTEAUX

Bien des gens sont surpris de découvrir que les poudings cuits à la vapeur, des poudings légers jusqu'aux poudings de Noël (plum puddings), plus riches, en passant par les crèmes anglaises, comptent parmi les desserts qui peuvent être réalisés dans l'autocuiseur.

Cette méthode de cuisson présente des avantages, car elle permet de gagner du temps, et donc de l'énergie, et évite de remplir la cuisine de vapeur. De plus, dans la préparation d'une crème anglaise par exemple, il n'est pas nécessaire de vérifier le niveau de l'eau ou de surveiller la température du four.

Bien sûr, il existe une technique correcte de cuisson des poudings et de préparation des crèmes anglaises à la vapeur dans l'autocuiseur, tout comme pour les autres méthodes, et elle est fournie sur cette page ainsi qu'aux pages 217 à 221 et 232.

Vous découvrirez qu'il est simple de préparer les fruits et les confitures dans l'autocuiseur.

PRÉPARATION DES POUDINGS ET DES GÂTEAUX DANS L'AUTOCUISEUR

Les temps de cuisson dans l'autocuiseur varient en fonction du poids et de la composition des préparations. Les temps de cuisson sont indiqués au début de presque toutes les recettes, sauf dans le cas du pouding de Noël (plum pouding), décrit de façon plus détaillée à la page 225, étape 4. De plus, les temps de cuisson à la vapeur sont indiqués également. La raison en est donnée aux pages 220 et 221.

PRÉPARATION DES POUDINGS ET DES GÂTEAUX

L'appareil: Exécuter la recette comme à l'habitude, en prenant soin de bien mélanger les ingrédients. Voir les conseils utiles sur la façon de faire dans la recette du *Pouding éponge*, page 226, et du *Pouding au suif*, page 221.

Le choix des ustensiles de cuisson: Les poudings vapeur sont généralement cuits dans un bol en porcelaine ou en verre allant au four, mais aussi dans un moule à soufflé, un bol métallique ou un bol spécial en polyéthylène (s'assurer qu'il s'agit de contenants supportant l'eau bouillante et non de contenants servant à la conservation des aliments) ou d'un moule à gâteau sans joint qu'on utiliserait en temps normal pour un gâteau.

Pour obtenir des résultats plus rapides, choisir le métal ou le polyéthylène. S'assurer toujours que les ustensiles sont assez spacieux. L'appareil à pouding ou à gâteau ne devrait occuper que les deux tiers du bol ou du moule, ce qui lui permet de prendre toute l'expansion voulue pendant la cuisson.

Si on préfère utiliser de la porcelaine ou du verre allant au four, prolonger le temps de cuisson de 5 minutes pour les petits poudings et de 10 minutes pour les poudings ou gâteaux plus volumineux.

La préparation en vue de la cuisson: Bien graisser le bol, le plat ou le moule métallique. Verser l'appareil et recouvrir d'une double couche de papier parchemin ou de papier d'aluminium. Le papier parchemin permet à la vapeur de pénétrer dans le mélange, tandis que le papier d'aluminium, qui n'est pas poreux, ne le fait pas. Ceci est sans importance, sauf qu'avec le papier d'aluminium, il faut prolonger le temps de cuisson de 5 à 10 minutes.

Graisser le papier parchemin ou le papier d'aluminium, faire un pli au milieu pour laisser de l'espace au pouding ou au gâteau de gonfler. Poser la feuille sur le pouding ou le gâteau, côté graissé contre l'appareil. Attacher fermement la feuille ou en glisser les bords vers l'intérieur de manière à ce que le papier ne puisse se déplacer pendant la cuisson.

Pour pouvoir retirer le pouding de l'autocuiseur alors qu'il est chaud, confectionner une poignée en ficelle, tel que montré sur les illustrations 1 et 2, ou prendre un long morceau de papier d'aluminium, le replier pour en faire une bande de deux ou trois épaisseurs et la glisser sous le pouding. S'assurer de disposer d'extrémités suffisamment longues et faciles à saisir (voir figure 3). Elles peuvent être repliées sur le pouding pendant la cuisson.

Fig. 1:

Poignée confectionnée avec deux ou trois longueurs de ficelle

Fig. 2:

Entourer maintenant ces longueurs de ficelle de manière à obtenir une poignée facile à tenir.

Fig. 3:

papier d'aluminium

Y déposer le pouding dans l'autocuiseur.

La grille: Toujours utiliser la grille dans l'autocuiseur lorsqu'on y prépare des poudings et des gâteaux. Ce dispositif permet de maintenir la préparation au-dessus de l'eau.

Le liquide de cuisson: Verser au moins 875 ml (3 1/2 tasses) d'eau bouillante dans l'autocuiseur. Ne pas laisser cette eau bouillir ou s'évaporer avant d'avoir placé le pouding ou le gâteau sur la grille de l'autocuiseur et d'avoir fixé le couvercle. Il est conseillé d'ajouter à l'eau une cuillerée à table de jus de citron ou de vinaigre pour éviter de tacher l'autocuiseur.

Le temps de cuisson: La cuisson des poudings et gâteaux vapeur se déroule en deux temps:

a) Étuvage: Comme les préparations à poudings et à gâteaux contiennent un agent levant qui fait lever la pâte, il est conseillé d'utiliser la cuisson à la vapeur pendant la première partie de l'exécution de la recette. Ceci permet à l'agent levant de réagir correctement. Si on ne procède pas à cette cuisson à la vapeur initiale, le pouding ou le gâteau risquerait d'être lourd, et sa texture pourrait rappeler celle du mastic. Également, pour obtenir une meilleure texture, il est préférable de soumettre le pouding de Noël à une certaine période de cuisson à la vapeur. Il ne faut donc pas mettre le poids de pression sur l'autocuiseur ou abaisser l'étrier de verrouillage avant la fin de la période de cuisson à la vapeur. La cuisson à la vapeur devrait s'effectuer à feu doux, comme si on utilisait une casserole ordinaire, et très peu de vapeur devrait s'échapper de l'autocuiseur. Si la chaleur est trop élevée pendant la cuisson et que trop de vapeur s'échappe de l'autocuiseur, le liquide pourrait s'évaporer et laisser son contenu à sec.

b) Cuisson sous pression: À la fin de la période de cuisson à la vapeur, déposer tout simplement la soupape ou baisser le sélecteur de pression. Amener l'autocuiseur à pression faible (5 lb) (ou à pression élevée (15 lb) si la recette l'exige) et observer le temps de cuisson indiqué dans la recette.

Si vous souhaitez préparer à l'autocuiseur un de vos poudings préférés dont la recette ne figure pas ici, choisir dans le livre un pouding semblable, utiliser la même quantité de pâte et suivre les instructions en adaptant la recette.

Voici à titre indicatif les temps de cuisson à observer :

TEMPS DE CUISSON NORMAL	TEMPS DE CUISSON DANS L'AUTOCUISEUR	
	Vapeur	À pression faible (5 lb)
30 minutes	5 minutes	10 minutes
1 heure	15 minutes	25 minutes
2 heures	20 minutes	50 minutes
3 heures	20 minutes	60 minutes

La pression : Exception faite des poudings de Noël et des desserts semblables, les poudings ont avantage à être cuits à pression faible (5 lb).

La plupart des autocuiseurs offrent différents niveaux de pression, par exemple faible (5 lb), moyen (10 lb) et élevé (15 lb). Si le modèle que vous possédez n'offre que la pression élevée (15 lb) et que vous souhaitez préparer des poudings vapeur, il vaut peut-être la peine de se procurer un modèle offrant différents niveaux de pression.

En réalité, tous les poudings peuvent être préparés à pression élevée (15 lb), mais les résultats, notamment dans le cas des poudings éponge, risquent de ne pas être aussi satisfaisants que ceux obtenus à faible pression (5 lb).

Si vous préparez un grand nombre de poudings individuels au lieu d'un seul et grand pouding, vous obtiendrez de meilleurs résultats à pression élevée (15 lb). Bien sûr, si vous devez cuire les poudings à pression élevée (15 lb), vous calculerez la même période de cuisson à la vapeur, mais en soustrayant 5 minutes, si le temps de cuisson est inférieur à 30 minutes. Ainsi, si la recette exige 25 minutes de cuisson à faible pression (5 lb), vous pourrez vous contentez de 20 minutes à pression élevée (15 lb).

Si le temps de cuisson dépasse les 30 minutes, soustraire 10 minutes. Un pouding qui exigerait 40 minutes de cuisson à faible pression (5 lb) sera prêt en 30 minutes seulement à pression élevée (15 lb).

La réduction de la pression : Pour que le pouding ou le gâteau reste léger, faire retomber la pression en laissant l'autocuiseur refroidir à température ambiante. À l'occasion d'un repas, vous constaterez que, si vous calculez le temps de cuisson de manière à retirer l'autocuiseur du feu juste avant de servir l'entrée, la pression aura eu le temps de retomber et vous pourrez ôter le couvercle. Le pouding peut ainsi être servi au bon moment, et bien chaud.

TEMPS DE CUISSON DANS LES RECETTES

Comme indiqué dans la section *Choix des ustensiles de cuisson* à la page 216, la cuisson du pouding s'effectue plus rapidement si vous utilisez un bol de métal ou de polyéthylène recouvert d'un papier parchemin graissé. Avec la porcelaine ou un plat en verre allant au four avec du papier d'aluminium, il faut prolonger le temps de cuisson.

Les temps de cuisson qui suivent sont basés sur l'utilisation de contenants de métal et de papier parchemin. Si vous souhaitez prendre ses libertés par rapport à ces valeurs, consulter la page 218.

POUDINGS AU SUIF

Un des poudings les plus polyvalents se prépare à partir d'une pâte au suif, dont la recette est donnée dans le *Pâté au bœuf et aux rognons* (page 168).

GÂTEAUX AUX FRUITS

pâte préparée à partir de 325 à 550 ml (1 1/2 à 2 1/4 tasse)
de farine (voir recette à la page 170)
1 litre (4 tasses) de fruits
sucre au goût
un peu d'eau

1   Préparer la pâte et en foncer le moule comme aux étapes 1 et 2 de la recette donnée à la page 171.

2   Y mettre les fruits préparés et le sucre au goût. Avec des fruits fermes, ajouter quelques cuillerées à table d'eau, mais beaucoup moins ou pas du tout avec les fruits bien mûrs.

3   Recouvrir le gâteau de la façon décrite aux étapes 4 à 6 de la recette de la page 171 et cuire comme dans le *Pâté au bœuf et aux rognons*, mais en observant les temps de cuisson suivants:

Temps de cuisson à la vapeur: 15 min
Temps de cuisson sous pression: 25 min

4   Faire retomber la pression en laissant l'autocuiseur refroidir à température ambiante puis servir le gâteau bien chaud avec de la crème ou de la crème anglaise.

SUGGESTIONS SAISONIÈRES :

Printemps : Utiliser de la rhubarbe et des groseilles à maquereau ou des canneberges.

Été : Utiliser des petits fruits assortis.

Automne : Prendre des mûres, des prunes, des quetsches (prunes de Damas) (si elles sont trop dures, les soumettre à une précuisson).

Hiver : Pommes et fruits séchés précuits (voir page 251).

POUDING DE NOËL (PLUM POUDING) ALLÉGÉ

Il s'agit d'un pouding particulièrement léger qui sera apprécié par ceux qui trouvent le pouding traditionnel trop lourd.

Donne 6 à 8 portions
Temps de cuisson à la vapeur : voir étape 4, page 225
Temps de cuisson sous pression : voir étape 4, page 225

---

125 ml (1/2 tasse) de pommes
125 ml (1/2 tasse) de carottes
250 ml (1 tasse) de raisins secs
50 ml (1/4 tasse) de raisins sultanas
125 ml (1/2 tasse) de raisins de Corinthe
250 ml (1 tasse) de mie de pain
75 ml (1/3 tasse) de farine auto-levante
(ou de farine ordinaire avec 2 ml (1/2 c. à thé) de poudre à lever)
2 ml (1/2 c. à thé) d'épices assorties
2 ml (1/2 c. à thé) de muscade moulue
120 ml (8 c. à table) de beurre fondu ou de margarine
125 ml (1/2 tasse) de cassonade humide
15 ml (1 c. à table) de marmelade d'oranges

15 ml (1 c. à table) de sirop de maïs ou de mélasse noire

60 ml (4 c. à table) de lait ou de bière

1 œuf

---

1 Peler et râper les pommes et les carottes.

2 Mélanger avec tous les autres ingrédients.

3 Répartir entre des bols de la taille souhaitée. Même si les ingrédients de cette recette ne sont pas les mêmes que ceux de la recette du pouding de Noël plus classique de la page suivante, le poids total de la préparation est très comparable, de sorte qu'on peut répartir l'appareil entre des contenants de même taille et laisser cuire pendant le même temps.

Ce pouding ne doit être préparé que quelques jours avant Noël et réchauffer de la façon décrite à l'étape 7, page 226.

Pour les gourmets: **Beurre au brandy**: Mélanger 250 ml (1 tasse) de beurre avec environ 500 ml (2 tasses) de sucre à glacer et, en battant, incorporer 45 à 60 ml (3 à 4 c. à table) de brandy. Bien réfrigérer et servir avec le pouding.

POUDING DE NOËL (PLUM POUDING)

Ce pouding riche et traditionnel gagne à être préparé quelques semaines avant Noël pour qu'il ait le temps d'arriver à maturité.

Les mesures métriques sont celles qui sont le plus exactes dans cette recette, de sorte que la quantité totale de la préparation est presque identique à celle obtenue à partir des mesures impériales. Bien préparer les fruits séchés. Si les fruits sont lavés, les faire sécher à température ambiante pendant 48 heures.

Donne 6 à 8 portions
Temps de cuisson à la vapeur : voir étape 4
Temps de cuisson sous pression : voir étape 4

---

1 citron
1 carotte moyenne
1 petite pomme
250 ml (1 tasse) d'écorce de fruits confits
125 à 250 ml (1/2 à 1 tasse) d'amandes mondées
75 ml (1/3 tasse) de farine ordinaire ou auto-levante
5 ml (1 c. à thé) d'épices assorties
5 ml (1 c. à thé) de cannelle moulue
125 ml (1/2 tasse) de mie de pain
125 ml (1/2 tasse) de cassonade humide
120 ml (8 c. à table) de graisse végétale ou de beurre fondu
15 ml (1 c. à table) de mélasse noire
1 litre (4 tasses) de fruits séchés assortis – prendre plus de raisins secs
que de raisins de Corinthe et de raisins sultanas
2 gros œufs
60 à 120 ml (4 à 8 c. à table)* de bière blonde ou brune,
de brandy ou de whisky

---

1 Râper la partie superficielle du zeste du citron et exprimer le jus du fruit.

2 Peler et hacher la carotte et la pomme. Hacher les zestes de fruits confits et les amandes.

3 Mélanger tous les ingrédients, bien remuer et faire un vœu, selon la tradition. Pour attirer la bonne fortune, inviter tous les

---

* Prendre la quantité moindre pour obtenir un pouding ferme, qui se tranche aisément, et la quantité la plus grande, si on recherche une texture moelleuse et friable.

membres de la famille à mettre la main à la pâte. J'aime laisser reposer le pouding pendant toute la nuit avant la cuisson, car je trouve qu'ainsi, les saveurs ont davantage la possibilité de se fondre les unes dans les autres.

4 La préparation donnera un poids total de près de 1 1/2 kg (3 lb). Répartir le mélange entre différents moules et les cuire de différentes façons. On peut ainsi préparer 6 à 8 poudings individuels, ou trois petits, deux moyens, ou encore un grand et un petit. Cuire de la façon suivante :

	Cuisson à la vapeur	Cuisson à haute pression (15 lb)
individuel	10 minutes	50 minutes
petits — 1/2 kg (1 lb)	15 minutes	1 1/4 heure
moyens — 3/4 kg (1 1/2 lb)	20 minutes	2 1/4 heures
grands — 1 kg (2 lb)	20 minutes	3 heures

On peut dépasser légèrement les temps de cuisson sans compromettre la qualité du pouding. Consulter les pages 218 et 219 pour connaître les quantités d'eau nécessaires et pour prendre connaissance de l'ensemble des instructions concernant la cuisson des poudings à la vapeur.

5 Couvrir les bols à pouding de papier, les placer sur la grille, verser l'eau bouillante dans l'autocuiseur, amener ce dernier lentement et progressivement sous pression et chronométrer le temps de cuisson.

6 Laisser retomber la pression et retirer les poudings. Ôter les papiers humides, laisser les poudings refroidir, placer sur des papiers secs et garder dans un endroit frais.

7 À Noël, ou au moment souhaité, soumettre les poudings à une cuisson à pression élevée (15 lb) en observant les temps de cuisson suivants :

poudings individuels : 10 minutes

poudings de 1/2 kg (1 lb) : 20 minutes

poudings de 3/4 kg (1 1/2 lb) : 30 minutes

poudings de 1 kg (2 lb) : 30 minutes

VARIANTES

Pouding de Noël blond : Cette recette donne un pouding plus pâle, qui change d'agréable façon de la version plus foncée du gâteau. Cuire en suivant la recette ci-dessus. Omettre les épices et la cannelle, et prendre 1 litre (4 tasses) de raisins sultanas blonds au lieu des fruits assortis.

Ajouter 250 ml (1 tasse) d'abricots séchés et hachés. Remplacer la mélasse noire par le sirop de maïs et incorporer un xérès doux et pâle.

Pour les gourmets : Au moment de servir, flamber au brandy ou au rhum. Servir avec du *Beurre au brandy* (voir page 223).

POUDINGS ÉPONGE

On peut créer un pouding éponge ultraléger grâce à un sage dosage d'ingrédients et à une cuisson judicieuse.

Pour obtenir une texture onctueuse et légère :

Mélanger la margarine ou le beurre avec le sucre jusqu'à obtention d'un mélange très onctueux et très léger. Ne pas laisser fondre le gras, car ceci empêche l'incorporation d'air dans le mélange. Voir aussi «Mélange en une étape» à la page 229. En battant, incorporer les œufs progressivement. Si le mélange semble vouloir cailler, ajouter un peu de farine tamisée.

Au moment d'ajouter la farine tamisée, éviter de trop battre la préparation.

Avant de cuire sous pression, cuire à l'étuvée pendant le temps recommandé. Pour obtenir des détails sur cette méthode, voir page 225.

POUDING ÉPONGE NATURE

Donne 4 portions
Temps de cuisson à la vapeur : 15 min
Temps de cuisson sous pression : 25 min

---

120 ml (8 c. à table) de margarine ou de beurre
125 ml (1/2 tasse) de sucre semoule
2 gros œufs
250 ml (1 tasse) de farine auto-levante
(ou de farine ordinaire avec 5 ml (1 c. à thé) poudre à lever)

---

1 Mélanger la margarine ou le beurre avec le sucre jusqu'à l'obtention d'un mélange crémeux et léger.

2 Incorporer progressivement les œufs.

3 Tamiser la farine ou le mélange de farine et de levure chimique, puis l'incorporer délicatement dans le mélange crémeux.

4 Graisser et fariner un bol d'une capacité de 1 litre (4 tasses) ou même un peu plus grand. Y verser la préparation.

5 Recouvrir le bol (voir page 217).

6 Placer le pouding sur la grille de l'autocuiseur et y verser 750 ml (3 tasses) d'eau bouillante.

7 Laisser étuver pendant 15 minutes, puis amener lentement et progressivement l'autocuiseur à pression faible (5 lb).

8 Cuire pendant 25 minutes. Laisser retomber la pression.

9 Démouler le pouding dans un plat de service bien chaud et servir accompagné de confiture chaude ou d'une des sauces proposées à la page 230.

PARFUMS POUR LES POUDINGS ÉPONGE

Tous les poudings se cuisent comme dans la recette précédente.

Pouding à calotte noire: Mettre 30 à 45 ml (2 à 3 c. à table) de gelée ou de confiture de couleur foncée, par exemple de la gelée de mûres, de quetsches (prunes de Damas) ou de cassis au fond du bol puis y verser la préparation du pouding éponge. On peut prendre ici n'importe quelle confiture ou gelée, et ensuite baptiser le pouding en conséquence. Ainsi, la confiture de prune Reine-Claude donnera un Pouding à calotte verte.

Pouding au chocolat: Réduire la quantité de farine de 15 ml (1 c. à table). Tamiser 15 ml (1 c. à table) de cacao avec la farine. Servir le pouding accompagné de *Sauce au chocolat* ou *au café* (voir page 230).

Pouding aux brisures de chocolat: Préparer soit le pouding éponge nature proposé à la page 227 soit la variante au chocolat présentée plus loin. Ajouter à la préparation 125 ml (1/2 tasse) de pépites de chocolat ou du chocolat haché. Ce pouding demeure ferme à la cuisson.

Pouding au café: Choisir de petits œufs. Délayer 10 ml (2 c. à thé) de café instantané avec 15 ml (1 c. à table) d'eau chaude. Mélanger avec les œufs. Servir le pouding accompagné de *Sauce au café* ou *au chocolat* (voir page 230).

Poudings aux fruits: À la préparation pour le *Pouding éponge*, ajouter 175 à 250 ml (3/4 à 1 tasse) de fruits secs. Ou bien, mettre une couche de fruits en boîte cuits ou broyés bien égouttés au fond du bol, puis y verser la préparation pour le pouding éponge.

Pouding au gingembre: Tamiser 10 ml (2 c. à thé) de gingembre moulu avec la farine. Ajouter le sirop comme dans le *Pouding doré* ci-dessous.

Pouding doré: Mettre 30 à 45 ml (2 à 3 c. à table) de sirop de maïs au fond du bol, puis y verser la préparation pour le pouding éponge.

ADAPTATIONS DU POUDING ÉPONGE SIMPLE

Pouding allégé: Ne prendre que 60 ml (4 c. à table) de margarine ou de beurre, 50 ml (1/4 tasse) de sucre semoule, 1 œuf, 250 ml (1 tasse) de farine et de lait. Le mélange devrait avoir une consistance fluide.

Mélange en une étape: Si vous utilisez de la margarine, mettre tous les ingrédients destinés à la préparation du pouding éponge dans un bol et remuer pendant 2 minutes seulement.

VARIANTES AU POUDING ÉPONGE

La recette suivante est une variante des poudings éponge nature ou aromatisés présentés aux pages 226 à 229.

POUDINGS CHÂTEAU

Ces poudings individuels sont des plus jolis et peuvent être préparés à partir de la recette de pouding éponge de base. Déclinez-les selon toutes les variantes proposées aux pages 226 à 229.

Si votre autocuiseur ne possède pas de faible pression (5 lb), de meilleurs résultats sont obtenus à pression élevée (15 lb) en mettant le pouding dans des contenants individuels plutôt que dans un grand bol.

1   Confectionner la préparation pour le pouding éponge (voir pages 226 à 229).

2   Graisser quatre petits bols ou quatre petites tasses.

3   Y verser la préparation en évitant de remplir les contenants à plus des deux tiers. Bien recouvrir (voir page 217).

4   Placer les poudings sur la grille de l'autocuiseur et y verser 750 ml (3 tasses) d'eau bouillante.

5   Laisser étuver pendant 5 minutes, puis amener lentement et progressivement à pression faible (5 lb) ou élevée (15 lb), selon le type d'autocuiseur utilisé.

6   Cuire sous pression pendant 5 minutes (ou pendant 8 minutes, si le pouding comporte une couche de fruits). Laisser retomber la pression.

7   Démouler les poudings et servir.

SAUCES D'ACCOMPAGNEMENT DES POUDINGS

Sauce au chocolat 1 : Mélanger 15 ml (1 c. à table) de fécule de maïs, 15 ml (1 c. à table) de cacao en poudre, 30 ml (2 c. à table) de sucre et 250 ml (1 tasse) de lait. Verser dans une casserole, ajouter 30 ml (2 c. à table) de beurre et remuer à feu doux jusqu'à épaississement.

Sauce au chocolat 2 : Au bain-marie, faire fondre 175 ml (3/4 tasse) de chocolat, 30 ml (2 c. à table) de beurre et 150 ml (2/3 tasse) de lait ou d'eau.

Sauce au café : Mélanger 15 ml (1 c. à table) de fécule de maïs et 30 ml (2 c. à table) de sucre avec 150 ml (2/3 tasse) de café fort et 150 ml (2/3 tasse) de lait. Verser dans une casserole. Ajouter 30 ml (2 c. à table) de beurre et remuer à feu lent jusqu'à épaississement.

Sauce au citron : Mélanger le zeste finement râpé (partie jaune de l'écorce) d'un citron, 30 ml (2 c. à table) de jus de citron, 50 ml (1/4 tasse) de sucre, 10 ml (2 c. à thé) de fécule d'arrow-root ou de maïs et 250 ml (1 tasse) d'eau. Remuer ces ingrédients à feu doux jusqu'à l'obtention d'une sauce épaisse et transparente.

CONGÉLATION DES POUDINGS ET GÂTEAUX

Les poudings et gâteaux à la graisse végétale (ou au suif) et éponge peuvent être mélangés d'avance et congelés dans l'ustensile qui servira à leur cuisson. Décongeler et cuire selon les instructions de la recette.

Si le gâteau ou le pouding est cuit avant d'être congelé, le faire décongeler à température ambiante puis le réchauffer pendant 5 minutes à pression élevée (15 lb). Une fois cuite, la crème anglaise ne se congèle pas très bien. Cependant congeler la préparation non cuite. Décongeler cette préparation plus tard et la cuire en suivant les instructions de la recette.

CRÈME ANGLAISE

Quand on songe à la préparation élaborée nécessaire pour préparer la crème anglaise, qui exige d'être cuite soit au-dessus d'une eau très chaude, mais non bouillante, soit dans un bain-marie placé dans un four chauffé à feu doux, il semble improbable que ce dessert puisse sortir d'un autocuiseur. Et pourtant… La crème anglaise et les nombreux mets basés sur un mélange d'œufs et de liquide réussissent très bien dans l'autocuiseur. Pour une crème plus molle et plus légère, prendre la plus petite quantité d'œufs ou de jaunes d'œufs indiquée dans la recette. Une proportion élevée de jaunes d'œufs, plutôt que d'œufs entiers, produit une crème plus riche.

La préparation peut cuire dans de la porcelaine, du verre allant au four ou dans un polyéthylène résistant à l'ébullition. Les crèmes ont belle allure cuites et présentées dans un moule à soufflé. Choisir un moule dans lequel la préparation remplit le volume disponible au-delà des trois quarts. Graisser le moule légèrement. Prendre soin de bien couvrir la crème et le moule à l'aide d'une double feuille de papier parchemin bien graissée. Ainsi, la vapeur ne peut pas humidifier la surface de la crème anglaise au moment où la pression retombera à température ambiante.

Donne 3 à 4 portions
Temps de cuisson sous pression : 5 min

---

2 ou 3 œufs, ou 3 ou 4 jaunes d'œufs, ou 2 œufs et 1 ou 2 jaunes d'œufs
quelques gouttes d'extrait de vanille
15 à 30 ml (1 à 2 c. à table) de sucre
(ou bien de sucre vanillé ; omettre alors l'extrait)
425 ml (1 3/4 tasse) de lait
muscade râpée (facultative)

---

1 Battre les œufs ou les jaunes d'œufs avec l'extrait. Éviter de trop fouetter.

2 Réchauffer le sucre ou le sucre vanillé avec le lait puis, en remuant, mélanger avec les œufs.

3 Verser la préparation dans le contenant graissé, saupoudrer d'un peu de muscade et bien couvrir.

4 Verser 250 ml (1 tasse) d'eau dans l'autocuiseur. Mettre la grille en place puis y déposer le contenant.

5 Fermer le couvercle, amener lentement et progressivement l'autocuiseur à pression élevée (15 lb), réduire le feu et laisser cuire pendant 5 minutes.

6 Faire retomber la pression en laissant l'autocuiseur refroidir à température ambiante puis retirer le papier.

7 Servir chaud ou froid.

Pouding au pain et au beurre : Diviser en triangles 2 ou 3 tranches de pain beurrées. Mettre dans le plat avec 30 à 45 ml (2 à 3 c. à table) de fruits séchés. Ajouter la crème anglaise et cuire en suivant les instructions de la recette pendant 10 minutes à pression élevée (15 lb).

CRÈMES ANGLAISES AROMATISÉES

Dans la recette de base, omettre la muscade et la vanille.

Crème anglaise aux amandes : Remplacer l'extrait de vanille par de l'extrait d'amande. Garnir d'amandes mondées ou de sucre et d'amandes, et griller comme dans la *Crème brûlée* de la page 236.

Crème anglaise au café : Dissoudre 10 à 15 ml (2 à 3 c. à thé) de café instantané dans le lait ou un mélange composé à parts égales d'une décoction de café concentrée et de crème à 15 %.

Crème anglaise au chocolat: Mélanger 15 à 25 ml (1 à 1 1/2 c. à table) de cacao en poudre avec le lait, ou prendre 30 à 45 ml (2 à 3 c. à table) de poudre de chocolat ou 125 ml (1/2 tasse) de chocolat.

Crème au chocolat: Remplacer le lait par de la crème à 15 %, ou d'un mélange composé à parts égales de lait et de crème, et aromatiser comme la *Crème anglaise au chocolat*. Laisser refroidir et garnir de crème fouettée et de chocolat râpé.

Crème anglaise au café et aux noix de Grenoble: Remplacer tout le lait par de la crème à 15 % ou par un mélange composé à parts égales de lait et de crème, et aromatiser comme la crème anglaise au café. Avant la cuisson, ajouter à la crème anglaise 15 à 30 ml (1 à 2 c. à table) de noix de Grenoble hachées.

Crème anglaise au citron ou à l'orange: Aromatiser la crème anglaise avec une 5 ml (1 c. à thé) de zeste de citron ou d'orange finement râpé. Pour préparer un dessert plus noble, laisser la crème anglaise refroidir, y étendre une couche de crème de citron ou de marmelade d'oranges et garnir de crème fouettée. Décorer de segments de mandarine. On pourrait remplacer tout le lait par un mélange de crème à 15 % et de lait.

Crème anglaise à l'abricot et aux macarons: Mettre au fond du plat 125 à 250 ml (1/2 à 1 tasse) d'abricots cuits. Ajouter la crème anglaise. Préparer en suivant la recette. Garnir de macarons émiettés et d'abricots.

POUDING VIENNOIS

Donne 4 à 5 portions
Temps de cuisson sous pression : 10 min

POUR LE CARAMEL :

125 ml (1/2 tasse) de sucre
45 ml (3 c. à table) d'eau

POUR LE POUDING :

425 ml (1 3/4 tasse) de lait
150 ml (3/4 tasse) de pain
50 à 125 ml (1/4 ou 1/2 tasse) de cerises glacées
50 ml (1/4 tasse) d'écorces de fruits confits
50 ml (1/4 tasse) d'amandes mondées
50 ou 125 ml (1/4 ou 1/2 tasse) de raisins sultanas
3 œufs ou 2 jaunes d'œufs et 1 œuf entier
15 ml (1 c. à table) de sucre (facultatif)

---

1 Mettre le sucre et l'eau dans une casserole à fond épais, remuer à feu doux jusqu'à dissolution du sucre. Cesser de remuer et laisser bouillir doucement jusqu'à ce que le sirop soit brun doré.

2 Verser le lait et en remuant, chauffer à feu doux.

3 Couper le pain en dés. Hacher les cerises, les zestes et les noix, puis les mettre dans un bol. Ajouter les raisins sultanas.

4 Verser le caramel sur ce mélange et laisser le pain ramollir pendant 15 à 30 minutes.

5 Ajouter les œufs bien battus. Goûter la préparation et ajouter du sucre si désiré.

6 Verser la préparation dans un moule à soufflé, couvrir et cuire comme une *Crème anglaise* (voir page 232), en comptant 10 minutes à pression élevée (15 lb).

7 Servir le pouding chaud ou froid, accompagné de la crème.

VARIANTES

Pouding aux amandes : Omettre le caramel et le pain. Couper en dés 2 ou 3 macarons et poursuivre comme aux étapes 3 à 7. À l'étape 2, on peut ajouter quelques gouttes d'extrait d'amande et 50 ml (1/4 tasse) d'amandes mondées hachées.

Pouding au pain et au chocolat : Omettre le caramel. Délayer 15 ml (1 c. à table) de cacao en poudre dans le lait chaud puis poursuivre comme aux étapes 3 à 7.

Crème brûlée : Omettre le pain, les cerises, le zeste et les raisins sultanas. Suivre les étapes 1 et 2 ci-dessus, puis incorporer les œufs et le sucre à l'étape 2. Cuire comme dans la recette précédente, mais en prévoyant 5 minutes de cuisson seulement à pression élevée (15 lb). Laisser refroidir, garnir d'amandes mondées et de cassonade. Faire fondre et dorer la cassonade sous le gril.

POUDINGS AU LAIT

Habituellement, un pouding au lait se cuit longuement dans un four chauffé à feu doux. Un pouding peut très bien être réussi dans l'autocuiseur en le faisant cuire brièvement. Si désiré, faire dorer le pouding sous le gril.

POUDING AU RIZ

Donne 3 à 4 portions
Temps de cuisson sous pression : 12 min

---

15 à 30 ml (1 à 2 c. à table) de beurre ou de graisse végétale
500 ml (2 tasses) de lait ou de lait additionné d'un peu de crème à 15 %
30 ml (2 c. à table) de sucre
50 ml (1/4 tasse) de riz à pouding (à grain court)
extraits ou condiments (voir étape 3)

---

1   Retirer la grille. Mettre dans l'autocuiseur du beurre ou de la graisse végétale.

2   Faire fondre la noix de beurre ou de la graisse végétale à découvert, verser le lait et porter rapidement à ébullition.

3   Incorporer le sucre, le riz et les extraits ou condiments éventuellement utilisés. Il peut s'agir de vanille ou d'un autre parfum, d'une lanière d'écorce de citron (sans le jus), d'une feuille de laurier ou de cannelle, au choix, d'un peu de chocolat ou de cacao en poudre, d'extrait de café ou de 50 à 125 ml (1/4 à 1/2 tasse) de raisins sultanas ou de raisins secs.

4   Porter le pouding à ébullition, réduire le feu de manière à ce que le lait mijote doucement.

5   Fermer le couvercle, amener l'autocuiseur à pression élevée (15 lb) en chauffant à feu moyen et laisser cuire pendant 12 minutes. Faire retomber la pression en laissant l'autocuiseur refroidir à température ambiante.

6   Verser dans un plat allant au four. On peut faire dorer le pouding sous le gril.

VARIANTES

Cuire de la même façon le sagou, la semoule et le tapioca, mais compter 7 minutes de cuisson à pression élevée (15 lb).

Pour les gourmets : **Riz Condé** : Laisser refroidir le pouding au riz, ajouter une généreuse quantité de crème fouettée, mettre dans un plat, garnir de fruits cuits ou en conserve bien égouttés. Préparer une glace en faisant fondre de la gelée de groseilles à maquereau, de la gelée de canneberges ou de la confiture d'abricots avec un peu de sirop de fruit. Laisser refroidir. Étendre sur les fruits et garnir encore de crème fouettée.

POUDING SOUFFLÉ AU CHOCOLAT

Ce pouding est intéressant parce qu'il se sépare pendant la cuisson. La partie supérieure est un peu comme une éponge très légère tandis que la base est un mélange de crème anglaise. Il n'est pas nécessaire de commencer le dessert par une cuisson initiale à la vapeur.

Donne 3 à 4 portions
Temps de cuisson sous pression : 5 min
60 ml (4 c. à table) de beurre ou de margarine
50 ml (1/4 tasse) de sucre semoule
2 gros œufs
50 ml (1/4 tasse) de farine auto-levante
(ou de farine ordinaire avec 2 ml (1/2 c. à thé) de poudre à lever)
15 ml (1 c. à table) de cacao en poudre
210 ml (12 c. à table) de lait

1   Mélanger le beurre ou la margarine avec le sucre jusqu'à l'obtention d'un mélange homogène et léger.

2 Séparer les jaunes d'œufs des blancs et, en battant, incorporer les jaunes dans ce mélange à base de beurre.

3 Tamiser la farine (ou le mélange de farine et de poudre à lever) avec le cacao. Intégrer ces ingrédients secs dans la préparation, puis incorporer progressivement le lait en battant. À ce stade, le mélange a tendance à cailler, mais la préparation n'en souffrira pas.

4 Au fouet, battre les blancs d'œufs en neige ferme et les incorporer aux autres ingrédients.

5 Verser dans un moule à soufflé graissé de 18 cm (7 po) de diamètre. Bien couvrir (voir page 217).

6 Cuire l'appareil comme pour la *Crème anglaise* (voir page 232).

7 Servir chaud ou froid.

VARIANTES

Pouding soufflé au moka: Remplacer une partie ou la totalité du lait par du café moyennement fort. Si désiré, ajouter une autre cuillerée de sucre.

Pouding soufflé au citron: Râper l'écorce de 2 citrons et incorporer au beurre. Exprimer le jus des fruits et ajouter suffisamment d'eau ou de lait pour obtenir 180 ml (12 c. à table) de liquide. Poursuivre l'exécution de la recette comme avec le pouding de base. On peut prendre ici d'autres agrumes (orange, pamplemousse, etc.).

Pour les gourmets: Cuire le pouding choisi, le garnir d'amandes effilées, d'un peu de sucre glace tamisé et faire griller au four.

Dans le pouding de base, remplacer la farine par un mélange composé à parts égales d'amandes moulues et de farine (avec la poudre à lever).

CUISSON DE GÂTEAUX DANS L'AUTOCUISEUR

Il existe un certain nombre de raisons justifiant la cuisson des gâteaux dans l'autocuiseur :

a) pour économiser de l'énergie, car un four qui contient un seul gâteau consomme autant d'énergie qu'un four complètement rempli ;

b) pour gagner du temps : avec l'autocuiseur, le temps de cuisson est un peu plus bref qu'avec le four ;

c) il se peut qu'on ne dispose pas de four, que ce soit de façon permanente ou temporaire, par exemple quand on fait du camping.

Cette sélection ne présente que quelques gâteaux, mais elle vous donne une idée de ce qui peut être réalisé avec un autocuiseur. Il est préférable de relire les pages 215 à 220, qui fournissent des renseignements sur la préparation des poudings dans l'autocuiseur, car les conseils qui y sont prodigués s'appliquent également aux gâteaux.

GÂTEAU AUX FRUITS FAMILIAL

Donne 6 à 8 portions
Temps de cuisson à la vapeur : 15 min
Temps de cuisson sous pression : 35 min

---

375 ml (1 1/2 tasse) de farine auto-levante
(ou de farine ordinaire avec 7 ml (1 1/2 c. à thé) rase de poudre à lever)
120 ml (8 c. à table) de beurre ou de margarine
125 ml (1/2 tasse) de sucre semoule
125 ml (1/2 tasse) de fruits séchés
50 ml (1/4 tasse) d'écorce de fruits confits hachée
1 œuf
lait pour mélanger

---

1   Dans un bol, tamiser la farine, ou le mélange de farine additionnée de poudre à lever.

2   Défaire la margarine ou le beurre jusqu'à ce qu'il présente la texture d'une chapelure fine, puis ajouter le sucre, les fruits et l'écorce confite.

3   En mélangeant, incorporer l'œuf et suffisamment de lait pour obtenir une pâte collante, c'est-à-dire jusqu'à ce que la préparation forme des pics. Verser dans un moule à gâteau bien graissé et fariné de 15 cm (6 po) de diamètre. Bien recouvrir.

4   Cuire comme aux étapes 6 à 8 de la recette de *Gâteau au chocolat* proposée à la page suivante, mais compter 35 minutes de cuisson à faible pression (5 lb).

5   Laisser sécher sous le gril à basse puissance.

GÂTEAU AU CHOCOLAT

Donne 6 portions
Temps de cuisson à la vapeur : 15 min
Temps de cuisson sous pression : 25 min

---

60 ml (4 c. à table) de lait
15 ml (1 c. à table) de sirop de maïs
30 ml (2 c. à table) de margarine
250 ml (1 tasse) de farine auto-levante
(ou de farine ordinaire avec 5 ml (1 c. à thé) de poudre à lever)
2 ml (1/2 c. à thé) de bicarbonate de soude
15 ml (1 c. à table) de cacao
50 ml (1/4 tasse) de sucre semoule
quelques gouttes d'extrait de vanille

POUR LA GARNITURE :

30 à 45 ml (2 à 3 c. à table) de sucre à glacer ou
175 ml (3/4 tasse) de chocolat et 15 ml (1 c. à table) de beurre

---

1   Mettre le lait, le sirop de maïs et la margarine dans une casserole et faire fondre en chauffant. Ne pas laisser bouillir, car le liquide s'évaporerait alors.

2   Dans un bol, tamiser la farine, ou le mélange de farine et de poudre à lever, avec le bicarbonate de soude et le cacao.

3   Ajouter le sucre et les ingrédients fondus, ainsi que quelques gouttes d'extrait de vanille.

4   Battre la préparation énergiquement.

5   Verser dans un moule à gâteau bien graissé et fariné de 15 cm (6 po de diamètre).

6 Couvrir soigneusement. Placer sur la grille de l'autocuiseur et y verser 750 ml (3 tasses) d'eau bouillante.

7 Laisser étuver pendant 15 minutes, puis amener lentement et progressivement l'autocuiseur à pression faible (5 lb).

8 Cuire pendant 25 minutes. Laisser retomber la pression. Démouler le gâteau, le laisser refroidir, puis le garnir de sucre glace tamisé ou le glacer avec le chocolat fondu.

Pour faire fondre le chocolat: Briser le chocolat en petits morceaux et les mettre dans un bol avec le beurre. Réchauffer au-dessus d'une casserole remplie d'eau très chaude, mais non bouillante. Utiliser dès que le chocolat est fondu.

VARIANTES

Gâteau au moka: Remplacer le lait par du café fort.

PAIN D'ÉPICES

Donne 6 portions
Temps de cuisson à la vapeur: 15 min
Temps de cuisson sous pression: 25 min

---

250 ml (1 tasse) de farine auto-levante
(ou de farine ordinaire avec 7 ml (1 1/2 c. à thé) rase de poudre à lever)
4 ml (3/4 c. à thé) rase de bicarbonate de soude
2 ml (1/2 c. à thé) de gingembre moulu
1 ml (1/4 c. à thé) d'épices assorties
45 ml (3 c. à table) de graisse ou de saindoux
50 ml (1/4 tasse) de sucre
25 ml (1 1/2 c. à table) rase de sirop de maïs ou de mélasse

60 ml (4 c. à table) d'eau

1 œuf

1   Tamiser ensemble tous les ingrédients secs dans un bol à mélanger.

2   Dans une casserole, faire fondre la graisse ou le saindoux, le sucre et le sirop ou la mélasse.

3   Verser sur les ingrédients secs et battre énergiquement.

4   Faire bouillir l'eau dans la casserole contenant la mélasse afin de n'en rien perdre, puis incorporer en battant dans le mélange à gâteau jusqu'à l'apparition de bulles en surface.

5   Ajouter finalement l'œuf et bien mélanger.

6   Graisser et fariner un moule à gâteau de 15 cm (6 po). Verser la préparation dans le moule.

7   Couvrir soigneusement et cuire comme le *Gâteau au chocolat* (voir page 242).

VARIANTES

Pain d'épices au citron : À l'étape 1, ajouter à la farine le zeste finement râpé d'un citron. À l'étape 4, remplacer 30 ml (2 c. à table) d'eau par 30 ml (2 c. à table) de jus de citron.

Pouding au pain d'épices : Servir le gâteau chaud garni de compote de pommes, s'avère être un délicieux dessert.

Pain d'épices aux raisins sultanas : Ajouter 50 ml (1/4 tasse) de raisins sultanas à l'étape 3. Les raisins ont tendance à s'enfoncer dans la préparation molle, mais donnent une jolie garniture lorsqu'on renverse le gâteau.

Pour les gourmets: **Pain d'épices aux amandes**: À l'étape 2, ajouter à la farine 30 ml (2 c. à table) d'amandes moulues. Lorsque le Pain d'épices est cuit et démoulé, tartiner le dessus d'un peu de confiture d'abricots puis garnir d'amandes effilées. Ainsi, le pain d'épices peut être servi en dessert accompagné de tranches de pommes cuites.

GARNITURES À GÂTEAU

Le dessus d'un gâteau cuit dans l'autocuiseur est mou, comme un pouding. Il faut donc le faire « sécher » à faible température sous le gril du four, ou le saupoudrer de sucre ou encore le badigeonner d'un peu de miel chaud ou de marmelade.

CUISSON DES FRUITS

Les fruits peuvent être cuits à l'autocuiseur, soit pochés soit sous forme de compotes. Les fruits séchés deviennent mous et dodus, sans qu'il soit nécessaire de les faire tremper. Un grand avantage de la cuisson sous pression est que souvent les fruits peuvent mijoter dans leur propre jus, sans qu'on ait à craindre de les brûler.

La préparation: Peler et trancher les pommes. Pour prévenir l'oxydation des fruits, on peut soit les tremper dans une solution composée de 5 ml (1 c. à thé) de sel et de 500 ml (2 tasses) d'eau. Rincer avant de cuire, ou plonger immédiatement dans le sirop bouillant dans l'autocuiseur ou la casserole. Pour peler les pêches, les plonger délicatement dans l'eau bouillante et les y laisser une trentaine de secondes. Les laisser refroidir et peler, puis les couper en deux ou les trancher. Abricots, prunes et autres fruits à noyau: couper en deux et dénoyauter. Si on préfère cuire ces fruits entiers, les piquer en un ou deux endroits au moyen d'une aiguille ou d'une fourchette à dents fines, afin que le sirop puisse y pénétrer.

COMPOTES DE FRUITS

Pour préparer une compote onctueuse, parer les fruits de la façon indiquée ci-dessus, puis les couper en morceaux plus petits en vue du pochage. Faire le sirop dans l'autocuiseur en suivant les instructions données à la page 248, mais en laissant refroidir quelque peu si possible. On favorise ainsi la transformation du fruit en pulpe. Mettre les fruits dans le sirop. Ne jamais remplir l'autocuiseur de fruits et de sirop à plus de moitié de sa capacité, et ajouter au moins de 250 ml (1 tasse) de sirop. Mettre les fruits dans le sirop. Nul besoin de les y plonger délicatement, comme pour le pochage. Fermer le couvercle, amener l'autocuiseur à pression élevée (15 lb), réduire le feu et cuire suivant ces règles : les fruits mûrs exigent 2 à 3 minutes de cuisson, tandis que les fruits plus fermes doivent cuire de 3 à 5 minutes. Laisser retomber la pression et mettre la pulpe dans l'autocuiseur. Au besoin, filtrer la pulpe ou la réduire en purée au mélangeur, même si elle est déjà suffisamment onctueuse pour la plupart des usages. Si la compote est un peu trop fluide, retirer une partie du sirop en filtrant. Celui-ci est délicieux utilisé dans les gelées. Les compotes de fruits font d'excellentes sauces sur la crème glacée.

POIRES AU BOURGOGNE

Voici une excellente façon d'utiliser des poires insuffisamment mûres ou des poires à cuire. Les temps de cuisson indiqués ici correspondent à des fruits moyennement fermes. Si elles sont très dures, les cuire comme indiqué ici, laisser retomber la pression, vérifier le degré de tendreté et prolonger la cuisson sous pression, au besoin de 2 à 3 minutes.

Donne 4 portions

Temps de cuisson sous pression : 5 min

---

4 ou 6 poires moyennes bien fermes

1 orange

150 ml (2/3 tasse) de vin de bourgogne rouge

150 ml (2/3 tasse) d'eau

15 à 30 ml (1 à 2 c. à table) de sucre

30 ml (2 c. à table) de gelée de groseilles ou de canneberges

DÉCORATION :

quelques amandes mondées

---

1   Peler les poires, les couper en deux et les dénoyauter.

2   Découper quelques lanières d'écorce d'orange et extraire 15 ml (1 c. à table) de jus d'orange.

3   Mettre les poires dans l'autocuiseur avec le vin, l'eau et l'écorce d'orange ainsi que 15 ml (1 c. à table) de jus d'orange.

4   Incorporer le sucre en remuant, fermer le couvercle, amener l'autocuiseur à pression élevée (15 lb) et laisser cuire pendant 5 à 6 minutes ou jusqu'à ce que les poires aient ramolli. Laisser retomber la pression rapidement.

5   Retirer les poires du liquide et les placer dans un plat de service.

6   Incorporer la gelée dans le liquide de la casserole, chauffer délicatement (sans le couvercle) jusqu'à dissolution. Goûter le sirop et ajouter du jus d'orange si désiré. Arroser les poires de ce sirop.

7   Servir chaud ou froid, garni d'amandes.

VARIANTES

Poires au gingembre : Remplacer le vin et l'eau par 250 ml (1 tasse) d'eau et du jus et du zeste de citron et 50 ml (1/4 tasse) de gingembre confit ou cristallisé haché.

Poires au cidre : À l'étape 6, prendre un mélange composé à parts égales de cidre et d'eau et parfumer avec un peu de gelée de pomme.

Pour les gourmets : Cuire les poires, mais les garder dans le sirop. Retirer l'écorce d'orange. À la fin de l'étape 6, ajouter 30 à 45 ml (2 à 3 c. à table) de brandy, flamber et verser dans le plat de service. Servir les poires accompagnées de crème glacée.

POCHAGE DES FRUITS

Pour le pochage, il est préférable de choisir des fruits mous, comme les bleuets, les canneberges bien mûres, la rhubarbe, les mûres et les pommes juteuses, accompagnés d'un peu de sucre. On utilise ici un moule à soufflé ou un contenant semblable placé dans l'autocuiseur. Si souhaité, pour obtenir beaucoup de jus, ajouter 30 à 45 ml (2 à 3 c. à table) d'eau. Il est préférable de cuire les fruits plus fermes, comme les pommes dures, les canneberges fermes, les prunes, les abricots, les pêches, les poires, etc., dans le sirop, dans un contenant ou directement dans de l'autocuiseur.

Préparation du sirop : faire bouillir 50 à 125 ml (1/4 à 1/2 tasse) de sucre dans 250 ml (1 tasse) d'eau. Une lanière d'écorce de citron ou d'orange ou un peu de jus de citron communiquent une saveur agréable au sirop et aident à préserver la couleur des fruits.

Si on utilise un plat: Poser le plat contenant les fruits et le sucre ou le sirop sur la grille. L'autocuiseur doit contenir 250 ml (1 tasse) d'eau.

Si on fait cuire les fruits directement dans l'autocuiseur: Préparer au moins 250 ml (1 tasse) de sirop et y plonger les fruits. Ne jamais remplir l'autocuiseur de sirop et de fruits plus qu'à moitié de sa capacité. Fermer le couvercle et amener l'autocuiseur à pression élevée (15 lb). Réduire le feu et cuire en suivant ces règles : les fruits mûrs exigent 4 minutes de cuisson. S'ils sont légèrement fermes, compter 5 minutes; les fruits plus fermes exigent 5 à 6 minutes s'ils sont plutôt durs et pas encore mûrs; les poires dures demandent une cuisson de 7 à 8 minutes. Laisser retomber la pression sous l'eau froide courante, puis ôter le couvercle.

FRUITS SÉCHÉS

Bien laver les fruits à l'eau chaude. Les mettre dans un bol et y verser l'eau bouillante. Compter un bon 500 ml (2 tasses) d'eau pour chaque quantité de 1 litre (4 tasses) de fruits. Retirer la grille de l'autocuiseur et y verser les fruits et le liquide. Ajouter 30 à 45 ml (2 à 3 c. à table) de sucre et de condiments si désiré, par exemple de l'écorce de citron, des épices ou 2 ou 3 clous de girofle. Amener l'autocuiseur à pression élevée (15 lb) et chronométrer les temps de cuisson de la façon suivante :

Tranches de pomme: 6 minutes.

Abricots: 3 minutes. Utiliser un peu moins d'eau et parfumer avec du citron.

Pêches: 5 minutes.

Pruneaux, poires, figues et salade de fruits: 10 minutes.

Faire retomber la pression en laissant l'autocuiseur refroidir à température ambiante.

Pour donner de la saveur aux pruneaux, les cuire dans un thé léger plutôt que dans de l'eau. Les figues sont plus savoureuses lorsqu'elles sont cuites dans un café léger plutôt que dans l'eau.

POUDING BROWN BETTY AUX POMMES

Donne 4 à 6 portions
Temps de cuisson sous pression : 10 min

---

1 litre (4 tasses) de pommes à cuire
60 ml (4 c. à table) de beurre ou de margarine
125 ml (1/2 tasse) de chapelure de pain complet
175 ml (3/4 tasse) de fruits séchés
(raisins de Corinthe, raisins sultanas ou raisins secs)
5 ml (1 c. à thé) d'épices assorties
30 ml (2 c. à table) de cassonade
15 à 30 ml (1 à 2 c. à table) de sirop de maïs
15 ml (1 c. à table) d'eau chaude

---

1   Peler les pommes et les découper en tranches fines.

2   Avec la moitié du beurre ou de la margarine, graisser un bol à pouding d'une capacité de 1 kg (2 lb).

3   Saupoudrer l'intérieur du bol d'une fine couche de chapelure.

4   Mélanger le reste de la chapelure avec les fruits séchés, les épices et le sucre.

5 Remplir le bol en alternant les couches de pommes et de mélange à base de chapelure, en commençant et en terminant par la chapelure.

6 Déposer le reste du beurre ou de la margarine en petites noix sur le dessus du pouding.

7 Mélanger le sirop de maïs avec l'eau chaude, verser sur les ingrédients dans le bol.

8 Recouvrir de papier parchemin ou de papier d'aluminium graissé (voir page 217).

9 Placer le bol sur la grille de l'autocuiseur et verser un bon 750 ml (3 tasses) d'eau bouillante.

10 Fermer le couvercle puis amener lentement et progressivement l'autocuiseur à pression élevée (15 lb).

11 Réduire le feu, cuire pendant 10 minutes puis faire retomber la pression en laissant l'autocuiseur refroidir à température ambiante.

12 Servir accompagné de crème ou de crème anglaise.

VARIANTES

Pouding Brown Betty à la rhubarbe: Remplacer les pommes par de la rhubarbe coupée en dés.

CONFITURES, MARMELADES ET GELÉES

Les confitures, marmelades et chutneys faits maison sont non seulement savoureux, mais également économiques lorsque préparés dans l'autocuiseur.

Pour préparer des marmelades, il faut normalement faire mijoter les fruits (ou leur pulpe), les pépins et la peau lentement et à feu doux pour en extraire la pectine (agent émulsifiant et épaississant naturel). Grâce à l'autocuiseur, on peut réaliser ces opérations en bien moins de temps, mais tout aussi efficacement.

S'il s'agit de fruits (ou fruits et légumes, dans le cas d'un chutney) tendres, laisser retomber la pression, ôter le couvercle et utiliser l'autocuiseur comme tout autre chaudron à confiture.

Toujours dissoudre le sucre à feu moyen puis laisser la préparation bouillir rapidement (ou doucement dans le cas du chutney), jusqu'à ce que le point de gélification ou la consistance souhaitée ait été obtenue. Les détails sur la façon de mettre les confitures, gelées et chutneys dans des bocaux et de les entreposer sont fournis dans les différentes recettes.

Ne jamais remplir l'autocuiseur de fruits et de liquide à plus de la moitié de sa capacité. Si on prépare de la marmelade en grandes quantités, ne prendre que la moitié de la quantité d'eau indiquée pour faire ramollir la pelure, et ajouter le reste en même temps que le sucre.

La grille : La grille n'est pas utilisée pour la préparation des confitures, mais seulement pour la mise en bocaux.

La pression : Amener l'autocuiseur à pression moyenne (10 lb). Si on ne dispose que de l'option pression élevée (15 lb), réduire le temps de cuisson d'au moins une minute.

La réduction de la pression : Faire retomber la pression en laissant l'autocuiseur refroidir à température ambiante.

L'ajout de sucre : Réchauffer le sucre si possible, l'ajouter aux fruits et remuer à feu doux dans l'autocuiseur à découvert jusqu'à dissolution. Faire ensuite bouillir rapidement, jusqu'au point de gélification.

Le point de gélification : Le point de gélification est le point où la préparation atteint les 104 à 105,5 °C (220 à 222 °F) dans le cas de la gelée, température qui correspond au point où une pellicule et des rides se forment quand la préparation refroidit dans une soucoupe ou lorsqu'elle celle-ci forme des cristaux en refroidissant sur une cuillère de bois.

La mise en bocaux : Mettre les marmelades ou confitures dans des bocaux très chauds. Mais avant, les marmelades ou confitures préparées à partir de fruits entiers doivent d'abord être refroidies quelque peu dans l'autocuiseur puis agitées afin d'en répartir uniformément les fruits ou les écorces. Recouvrir de paraffine, refermer et conserver dans un endroit sec et frais.

PROPORTIONS POUR LES CONFITURES

Les fruits mous, comme les fraises et les framboises, n'ont pas été inclus, car ils cuisent déjà très rapidement dans une casserole ordinaire. Pour les confitures, les mesures sont données en unités métriques, car l'exactitude compte.

CONFITURES					
Fruits	À préparer	Eau	Sucre	Jus de citron	Minutes à pression moyenne (10 lb)
450 g (1 lb) une fois préparés **Pommes** 450 g (1 lb) **Mûres** 450 g (1 lb)	voir page 245	150 ml (1/2 tasse)	900 g (2 lb)	_	7
Abricots: **frais, ou** **prunes ou** **prunes** **Reine-Claude** **séchées**	voir page 245 Ajouter les noyaux si désiré voir page 245	150 ml (1/2 tasse)	450 g (1 lb)	15 ml (1 c. à table)	4
		750 ml (3 tasses)	1,35 kg (3 lb)	45 ml (3 c. à table)	10 à pression élevée (15 lb)
Cassis	voir page 245	425 ml (1 3/4 tasse)	675 g (1 1/2 lb)	_	3-4
Quetsches (prunes de Damas)	voir page 245	150 ml (1/2 tasse)	550 g (1 lb 4 oz)	_	5
Canneberges	voir page 245	150 ml (1/2 tasse)	450 g (1 lb) si mûres: 550 g (1 lb 4 oz) si très vertes	_	4-5
MARMELADES					
Citron	voir page 258	50 ml (2 tasses)	1/2 kg (1 lb)	_	8
Pample-mousse	voir page 258	très généreux 500 ml (2 tasses)	à peine 1 1/4 kg 2 1/2 lb	30 ml (2 c. à table)	10

bigarade **– amère**	voir page 258	500 ml (2 tasses)	1/2 kg (1 lb)	_	10
– douce	voir page 258	750 ml (3 tasses)	1 1/2 kg (3 lb)	30 ml (2 c. à ta-ble)	10
GELÉES					
Pour préparer les gelées, ajouter 250 ml (1 tasse) d'eau pour chaque quantité de 450 g (1 lb) de fruits, puis poursuivre comme à la page 226. Les pommes et les cassis doivent être cuits pendant 5 minutes à pression moyenne (10 lb), les pommettes pendant 8 minutes à pression moyenne (10 lb) et les groseilles à maquereau pendant 1 minute seulement. Pour chaque quantité de 500 ml (2 tasses), compter 450 g (1 lb) de sucre.					

DES CONFITURES PARFAITES

1   Choisir des fruits bien mûrs, mais pas trop, et exempts d'imperfections. Les préparer en vue de la cuisson.

2   Mettre les fruits et l'eau (voir le tableau de la page 255) dans l'autocuiseur.

3   Fermer le couvercle, amener l'autocuiseur à pression moyenne (10 lb) et cuire les fruits selon les instructions fournies dans le tableau de la page 255. Laisser retomber la pression.

4   Ôter le couvercle.

5   Ajouter le sucre et le jus de citron si nécessaire. Remuer les fruits dans l'autocuiseur à découvert jusqu'à dissolution du sucre.

6   Faire bouillir rapidement jusqu'à atteindre le point de gélification.

7   Verser dans des bocaux très chauds et sceller.

DES GELÉES PARFAITES

Certains fruits – pommes, quetsches (prunes de Damas), canneberges, etc. –, se prêtent très bien à la confection de gelées. Voici la marche à suivre :

1 Laver les fruits. Il n'est pas nécessaire de les peler ni de les dénoyauter.

2 Suivre les instructions fournies plus haut pour les confitures aux étapes 2 à 4.

3 Passer la pulpe des fruits dans un sac à gelée ou à travers plusieurs couches de mousseline.

4 Mesurer le liquide et ajouter 450 g (1 lb) de sucre pour chaque volume de 500 ml (2 tasses) de liquide.

5 Remettre le liquide dans la casserole. Poursuivre comme aux étapes 6 et 7 ci-dessus.

VOS PROPRES RECETTES

Si une recette de confiture, de marmelade ou de gelée particulière n'est pas proposée ici, adapter vos recettes. Ne prendre que la moitié d'eau indiquée, car dans la cuisson sous pression, il se produit moins d'évaporation. Trouver un fruit comparable et l'utiliser comme aux étapes 6 et 7 ci-dessus.

CONGÉLATION DES FRUITS

Congeler les fruits préparés afin d'en faire des confitures et des marmelades au moment désiré. Pour compenser la perte de pectine, utiliser une quantité double de jus de citron.

DES MARMELADES PARFAITES

Il est essentiel de faire ramollir la peau du fruit *avant* d'ajouter le sucre, car *après*, elle ne ramollira jamais. Un test révélateur consiste à voir que la pelure peut être réduite seulement en la frottant entre l'index et le pouce après la cuisson.

1   Bien laver les fruits. Les couper en deux et en extraire tout le jus. Retirer les pépins et la chair et emprisonner dans un sachet de mousseline.

2   Couper la pelure en quatre.

3   Mettre le fruit et le sachet contenant les pépins dans l'autocuiseur avec la moitié de l'eau (voir les commentaires sur le liquide à la page 253).

4   Amener l'autocuiseur à pression moyenne (10 lb) et chronométrer le temps de cuisson en suivant les indications fournies dans le tableau de la page 254.

5   Laisser retomber la pression et ôter le couvercle.

6   Retirer le sachet de pépins et en exprimer le contenu dans l'autocuiseur (les pépins contiennent la majeure partie de la pectine).

7   Retirer la pelure. Lorsqu'elle est suffisamment refroidie pour être manipulée, la hacher ou la trancher aussi finement que désiré.

8   Incorporer le sucre réchauffé, le jus de citron si utilisé, puis porter à ébullition rapide jusqu'à atteindre le point de gélification. Procéder à des essais peu de temps suivant le début de la cuisson de la marmelade (voir page 254), car la période de gélification est aisément dépassée.

9 Laisser refroidir quelque peu et remuer. Verser dans des bocaux chauds et refermer.

MISE EN BOCAUX DES FRUITS

Il est sage de garder des confitures pour pouvoir consommer des fruits une fois l'hiver venu. Même si on dispose d'un congélateur, on constatera que certains fruits, comme les pêches, les poires et les tomates, ont meilleur goût sous forme de confitures et de gelées.

1 Préparer les fruits comme pour la cuisson ou le service. On conseille de piquer les abricots, pêches et autres fruits semblables à la fourchette si on les laisse entiers, car cette opération permet au sirop de pénétrer.

Plonger les pêches et les tomates dans l'eau bouillante pendant 30 secondes puis les peler.

2 Préparer un sirop avec du sucre et de l'eau, comme pour le pochage des fruits (voir la page 248). Maintenir l'ébullition.

3 Réchauffer les bocaux à confiture dans de l'eau très chaude. Jeter cette eau et placer les bocaux dans un bol d'eau bouillante. Plonger également les couvercles des bocaux dans l'eau bouillante.

4 Remplir les bocaux de fruits, presser fermement sur les fruits sans les écraser. Pendant l'opération, laisser les bocaux remplis dans l'eau bouillante.

5 Couvrir les fruits et remplir les bocaux presque jusqu'au bord de sirop bouillant (de saumure dans le cas des tomates). Il faut laisser un peu d'espace afin que le sirop ne s'échappe pas en bouillant pendant la mise en bocaux. Durant l'opération de remplissage, secouer les bocaux pour en chasser les bulles d'air.

6 Essuyer le col des bocaux, visser ou fermer les couvercles, dévisser les bagues d'un quart de tour pour tenir compte de l'expansion à venir.

7 Entre-temps, garder l'autocuiseur rempli de 750 ml (3 tasses) d'eau bouillante, avec la grille en place (fond orienté vers le haut).

8 Retirer les bocaux de fruits de l'eau bouillante et les placer dans l'eau bouillante de l'autocuiseur. Veiller à ce que les bocaux ne s'entrechoquent pas et qu'ils n'entrent pas en contact avec les parois de l'autocuiseur.

9 Amener lentement et progressivement l'autocuiseur à pression faible (5 lb). Chronométrer le temps de mise en bocaux. Compter 1 minute pour tous les fruits à l'exception des pamplemousses, pêches, poires, ananas, coings et fraises, qui exigent 3 minutes de cuisson. La rhubarbe doit cuire 2 minutes, et les tomates entières 5 minutes.

10 Faire retomber la pression en laissant l'autocuiseur refroidir à température ambiante. Si on retire l'autocuiseur du feu, il faut le déplacer délicatement afin d'éviter que les bocaux ne s'entrechoquent.

11 Retirer les bocaux de l'autocuiseur et visser les bagues.

12 Après 24 heures, vérifier si les couvercles sont bien scellés hermétiquement.

13 Huiler l'intérieur des bagues avant de stocker les fruits, pour les empêcher de rouiller.

CONGÉLATION ET MISE EN BOCAUX DE LÉGUMES

Avant de mettre les légumes en bocaux ou de les congeler, il est IMPÉRATIF de les blanchir. Il faut donc les exposer à une certaine chaleur, que ce soit par cuisson dans l'eau bouillante ou dans l'autocuiseur (solution plus rapide et plus aisée). Il est maintenant possible de se procurer dans le commerce un panier servant au blanchiment et qui s'intègre à l'autocuiseur.

Le blanchiment permet de débarrasser les légumes des bactéries indésirables tout en en préservant leur couleur et leur texture. Après le blanchiment, suivre les instructions relatives à la congélation données dans le manuel du fabricant.

Les temps de blanchiment à l'eau bouillante OU dans l'autocuiseur sont indiqués aux pages 255 et 256. On y indique les légumes qui se congèlent bien et ceux qui peuvent être conservés en bocaux. À vous de choisir. Après le blanchiment, plonger les légumes dans l'eau glacée pour les éviter qu'ils ne ramollissent trop.

La saumure : Les légumes sont conservés dans la saumure. Marche à suivre : Dissoudre 15 ml (1 c. à table) de sel dans un bon litre (4 tasses) d'eau. Faire bouillir la solution avant de l'utiliser. On peut colorer la saumure en vert pour y conserver des pois, des haricots, etc.

La mise en bocaux : Préparer et laver les légumes comme pour la cuisson. Blanchir suivant les instructions fournies aux pages 255 et 256, puis laisser refroidir. Suivre les instructions sur la mise en bocaux des fruits, mais en se rappelant qu'avec les temps de cuisson indiqués aux pages 255 et 256, il est essentiel de travailler à pression moyenne (10 lb).

LÉGUMES	PRÉPARATION	BLANCHIMENT		MISE EN BOCAUX	CONGÉLATION
		Minutes dans l'eau bouillante	Minutes à pression moyenne (10 lb)	Minutes à pression moyenne (10 lb)	
Artichauts : topinambours artichauts	Gratter, garder le blanc (voir page 190) Comme pour la cuisson	5 7 à 10	1… G 1… G	35	Assez bien
Asperges	Parer les tiges, les couper en tronçons de longueur égale	2 à 4	À pression moyenne (10 lb)	30-35	Bonne
Aubergine	Peler et trancher	4	1… G	35	Bonne
Haricots : Gourganes (jeunes)	Choisir des Green Windsor, Triple White	3	À pression moyenne (10 lb)	40	Bonne
haricots verts (jeunes)	String, et les garder entiers.	3	À pression moyenne (10 lb)	40	Bonne
haricots d'Espagne (jeunes)	Effiler et partager en segments (assez longs pour la congélation).	3	À pression moyenne (10 lb)	40	Bonne
Betterave	Ébouillanter, peler (voir remarque)	15 à 20	15-20	40	Assez bonne
Brocoli	Parer pour obtenir de jolis fleurons	3	À pression moyenne (10 lb)	–	Très bonne

LÉGUMES	PRÉPARATION	BLANCHIMENT		MISE EN BOCAUX	CONGÉLATION
Choux de Bruxelles	Enlever les feuilles externes	2 à 3	1-2	–	Bonne
Carottes	Gratter, laisser entières si elles sont jeunes. Autrement, couper en dés ou trancher.	5 à 10	2-6	40	Bonne
Chou-fleur	Partager en bouquets	3	1... G	–	Assez bien
Céleri-rave	Peler, couper en dés, cuire.	–	–	–	Assez bien
Céleri cœurs	Partager	6	1... G	35	Assez bonne
branches	–	–	5... G	35	Assez bonne
Chicorée	Tête entière	4	1... G	_	Assez bonne
Maïs en épi	Enlever les feuilles	4 à 6	2-2 1/2	45	Très bonne
Courgettes	Trancher	1	1... G	–	Bonne
Macédoine	Comme pour les légumes entrant dans sa composition, pois et haricots.	Temps max.	Temps max.	Temps max.	Bonne
Champignons	Voir remarque	–	–	35-40	Très bonne
Pois	Écosser Onward, Laxton Pois Lincoln recommandés	2	1	35	Bonne
Poivrons	Voir remarque	–	–	40	Très bonne

LÉGUMES	PRÉPARATION	BLANCHIMENT	MISE EN BOCAUX	CONGÉLATION
Pommes de terre: nouvelles	Gratter, prendre les petites.	5	2	45	Assez bonne
vieilles	Peler et couper en dés.	–	4 à pression élevée (15 lb)	45	Assez bonne
Épinards	Laver et blanchir une petite quantité à la fois	1	À pression moyenne (10 lb)	–	Très bonne
Maïs sucré	Nom donné au maïs quand les grains sont détachés de l'épi.	3	1+++ (voir remarque)	45	Bonne
Navets, panais, rutabagas	Coupés en dés	3 à 5	1 à 2	45	Assez bien

G: utilisation de la grille.

+ Établir la pression puis la laisser retomber.

+++ Enlever les feuilles, détacher les grains de l'épi.

Betterave: Ne prendre que des betteraves jeunes et petites.

Champignons: Peler les champignons et les soumettre à une cuisson préalable jusqu'à ce qu'ils suintent, puis les mettre en bocaux dans leur propre liquide.

Poivrons: Peler les poivrons si désiré, après les avoir chauffés au four pendant 6 à 8 minutes. Trancher, rejeter le placenta et les pépins, mettre en bocaux par couches. Nul besoin de mettre de liquide.

PRÉPARATION DU CHUTNEY

On peut préparer à la maison de délicieux chutneys, et l'autocuiseur permet de le faire rapidement et aisément.

Il importe de se rappeler certains points :

Ne pas réduire les quantités de sucre et de vinaigre, car on compromettrait ainsi la conservation du chutney. Toujours prendre du vinaigre de malt pur. Cuire les légumes et les fruits à pression élevée (15 lb) puis laisser retomber la pression. Utiliser ensuite l'autocuiseur à découvert comme n'importe quel autre chaudron à confiture.

Remuer jusqu'à dissolution complète du sucre afin d'éliminer la possibilité qu'il brûle, puis faire bouillir doucement comme pour la préparation de confitures, jusqu'à obtention de la consistance souhaitée.

Prendre un soin particulier lorsqu'on referme des bocaux contenant du chutney ou tout autre préparation contenant du vinaigre, car ce produit peut faire rouiller l'intérieur des couvercles métalliques. Placer sous le couvercle métallique un cercle de papier ciré et plusieurs couches de papier brun ou un disque de carton. Bien refermer les bocaux de chutney et les conserver dans un endroit sec.

Pour les gourmets : **Fruits marinés** : On peut conserver des fruits dans du vinaigre sucré plutôt que dans du sirop ordinaire. Suivre les instructions pour la mise en bocaux des fruits (voir page 259). Le sirop vinaigré peut être aromatisé avec des épices, de la cannelle ou du gingembre moulu. Les fruits qui se prêtent le mieux à la confection de chutney sont les poires, les pommettes (laissées entières) et les pêches. Les chutneys sont délicieux pour accompagner les viandes froides.

CHUTNEY AUX TOMATES VERTES ET AUX POMMES

Donne près de 2 kg (4 lb)
Temps de cuisson sous pression : 10 min

---

4 oignons
8 pommes à cuire
3 tomates vertes
250 ml (1 tasse) de vinaigre de malt brun ou blanc
5 ml (1 c. à thé) de sel
10 ml (2 c. à thé) d'épices assorties pour marinade
250 ml (1 tasse) de sucre blanc ou brun
150 à 250 ml (2/3 à 1 tasse) de raisins sultanas

---

1 Peler les oignons, les pommes et les tomates.

2 Hacher les légumes et les fruits puis mettre dans l'autocuiseur.

3 Ajouter le vinaigre et le sel ainsi que les épices à marinade, enfermées dans un sachet de mousseline.

4 Fermer le couvercle et amener l'autocuiseur à pression élevée (15 lb).

5 Poursuivre la cuisson pendant 10 minutes puis laisser retomber la pression sous l'eau froide courante.

6 Ôter le couvercle, ajouter le sucre et les fruits séchés puis remuer à feu doux jusqu'à dissolution du sucre. Retirer le sachet d'épices.

7 Tout en remuant de temps à autre, laisser bouillir lentement dans l'autocuiseur à découvert jusqu'à l'obtention d'une purée épaisse.

8 Verser dans des bocaux très chauds et refermer.

VARIANTES

Chutney aux pommes et gingembre: Prendre 1,2 litre (5 tasses) de pommes parées. Omettre les tomates, ajouter 10 ml (2 c. à thé) de gingembre moulu et 75 ml (1/3 tasse) de gingembre confit avec le sucre.

Chutney aux groseilles à maquereau et à la menthe: Remplacer les tomates par des groseilles à maquereau. Une fois le chutney cuit, c'est-à-dire à l'étape 7, ajouter 60 à 90 ml (4 à 6 c. à table) de feuilles de menthe fraîche hachée.

Tomates vertes: Prendre 5 tomates vertes et 2 pommes parées. Poursuivre comme dans la recette précédente, mais en ajoutant 2 à 3 gousses d'ail à l'étape 2.

Pour les gourmets: **Abricots et amandes**: Remplacer les tomates par des abricots frais. Lorsque le chutney est cuit, c'est-à-dire à l'étape 6, ajouter au vinaigre 10 ml (2 c. à thé) d'essence d'amande et 75 à 125 ml (1/3 à 1/2 tasse) d'amandes mondées.

PRÉPARATION DES KETCHUPS

1 Les règles élémentaires s'appliquant au traitement du vinaigre, du sucre, etc., données pour le chutney valent aussi pour les ketchups.

2 Si vous possédez un mélangeur et que les petites particules de peau et de pépins résiduelles ne causent pas de problèmes, l'utiliser au lieu du tamis.

3 Si les ingrédients sont réduits en purée, il importe de veiller à ce que toute la pulpe traverse bel et bien le tamis; autrement, le ketchup ne sera pas aussi épais qu'il le devrait.

4   Refermer les contenants de ketchup hermétiquement (voir les commentaires à la page 256).

5   Conserver 2 ou 3 semaines avant de consommer. Le ketchup se conserve pendant un an environ.

KETCHUP AUX TOMATES

Donne un bon litre (4 tasses)
Temps de cuisson sous pression : 10 min

---

250 ml (1 tasse) de vinaigre de malt blanc
10 ml (2 c. à thé) d'épices assorties pour marinades
environ 9 tomates
1 oignon moyen
3 pommes moyennes
125 ml (1/2 tasse) de sucre, de préférence blanc
5 ml (1 c. à thé) de sel
pincée de piment de Cayenne
pincée de poivre noir

---

1   Laisser mijoter le vinaigre et les épices pour marinades dans l'autocuiseur pendant 10 minutes.

Ne pas amener l'autocuiseur sous pression, mais y déposer seulement le couvercle. Tamiser le vinaigre.

2   Couper les tomates. Ne pas les peler, car la pelure rehausse la couleur du ketchup. Peler et hacher les oignons et les pommes.

3 Mettre les fruits et les légumes dans l'autocuiseur avec le vinaigre. Fermer le couvercle et amener l'autocuiseur à pression élevée (15 lb).

4 Réduire le feu et laisser cuire pendant 10 minutes. Laisser retomber la pression sous l'eau froide courante.

5 Ôter le couvercle et passer la préparation au chinois ou au mélangeur.

6 Remettre dans l'autocuiseur à découvert, avec le sucre, le sel et les poivres.

7 Remuer à feu doux jusqu'à dissolution du sucre, puis porter lentement et progressivement à ébullition jusqu'à obtention d'une sauce épaisse.

8 Verser dans des bouteilles ou des bocaux très chauds et sceller.

MARINADES À LA MOUTARDE

Donne environ 1 1/2 kg (3 lb)
Temps de cuisson sous pression : 1 min

---

1 litre (4 tasses) de légumes (voir plus loin)
saumure (voir étape 2)
425 ml (1 3/4 tasse) de vinaigre de malt
10 ml (2 c. à thé) d'épices pour marinades
10 ml (2 c. à thé) de gingembre moulu
15 ml (1 c. à table) de farine ou 7 ml (1 1/2 c. à thé) de fécule de maïs
7 ml (1 1/2 c. à thé) de curcuma
15 ml (1 c. à table) de moutarde en poudre
50 ml (1/4 tasse) de sucre

---

1 Parer les légumes. Il peut s'agir de chou-fleur, de courge, d'oignon, de concombre, de petites tomates vertes ou de haricots d'Espagne. Les couper en morceaux de taille uniforme.

2 Préparer une saumure : dissoudre 30 ml (2 c. à table) de sel dans 500 ml (2 tasses) d'eau. Ne pas chauffer. Plonger les légumes dans la saumure et laisser mariner pendant 12 heures. Protéger les légumes en posant une assiette sur le contenant.

3 Le lendemain, laisser égoutter et bien rincer sous l'eau froide courante. Laisser égoutter.

4 Porter 425 ml (1 3/4 tasse) de vinaigre de malt et 10 ml (2 c. à thé) d'épices pour marinades tout juste au point d'ébullition. Filtrer le vinaigre.

5 Mettre les légumes dans l'autocuiseur avec 250 ml (1 tasse) de vinaigre épicé et le gingembre moulu.

6 Fermer le couvercle, amener l'autocuiseur à pression élevée (15 lb) et laisser cuire pendant 1 minute seulement, afin que les légumes ne deviennent pas trop mous. Laisser retomber la pression.

7 Délayer la farine ou la fécule de maïs, le curcuma et la moutarde en poudre dans le vinaigre restant. Incorporer cette préparation dans le mélange de légumes, ajouter le sucre et continuer à remuer jusqu'à épaississement.

8 Mettre dans des bocaux, refermer et sceller de la façon décrite pour le chutney (voir page 256).

INDEX